＜気＞の心理臨床入門

黒木賢一　著

星和書店

Seiwa Shoten Publishers

2-5 Kamitakaido 1-Chome
Suginamiku Tokyo 168-0074, Japan

本書を亡き母ツル・亡き姉政子に捧げます。

まえがき――東洋的心理臨床への目覚め

東洋的な心理臨床を意識するようになったのは、二十数年前、シーラ・クリスタルから教育分析を受けるようになってからである。シーラは、カリフォルニア大学バークリー本校で博士号を取得したサイコセラピストであり、菜食主義を実践し、ヨーガと太極拳で身体を鍛え、瞑想修行を行っていた。彼女は母親のフィリス・クリスタルの技法を用い、西洋の心理学と東洋の修行体系に橋を架けるトランスパーソナル技法をセラピーに取り入れていた。

クリスタルの技法とは、8の字（the figure eight）と三角形（the triangle）などのシンボルを用いたトランスパーソナルなイメージ療法である。まず二人が向かい合って座っている周辺にイメージで相手の円と自分の円を描き8の字にする。その円がお互いのバウンダリー（境界線）になる。次にイメージで二等辺三角形の底辺の端がお互いの座っている位置になるように線を引き、あとの二辺はお互いの身体を通して、空中の一点に交わるように視覚化を行う。この三角形の結ばれた頂点を「高次な意識（high consciousness）」として、そこからメッセージを聞きながらセラピーを行うのである。「フィギュアエイト」については、一三九ページ以降で説明する。

シーラの面接室は、カリフォルニア州バークリー市のバークリーヒルの一角にある。彼女の家の門を開けると、庭が広がり、木々の間には石仏や水晶が置かれていた。面接用の扉を開くと待合室があり、お香の匂いと共に環境音楽が流れ、心地よい雰囲気を醸しだしていた。面接室からシーラが現れると「こころのチャンネル」が開かれていくのを感じ、何か不思議な気持ちになったことを記憶している。面接室は広く、落ち着いた調度品、観葉植物、様々な水晶が部屋を飾っていた。面接のスタイルは椅子に座るのではなく、床の上に多くのクッションが置かれ、その上に座り、向かい合った形で行う。このスタイルは非常に珍しい。シーラの気の場に入るだけで、こころが鎮まっていく。かつて経験したことのない空間での気の流れを感じた。

最初、彼女の教育分析を受けて驚いたのだが、筆者が受けてきた大学院でのトレーニングとは全く異なるスタイルであった。まず、夢の分析から始まり、次に呼吸法とイメージを用いたリラクゼーションを行い、クリスタルの手法を用いたセッションに入る。その間は目を閉じ、イメージの中でのワークをする。セッションが終わると静かな意識状態でグランディングしている自分に気づく。それは心身一如《しんしんいちにょ》の世界を通し霊性に対するアプローチである。筆者はこれがトランスパーソナルが目指す世界だと、彼女のセラピーを通して気づかされた。そこでは、クライエントのもつ自然（自己）治癒力への信頼に始まり、セラピスト自身の霊性修業によってつくり出す空間と、二人の関係性の中でクライエントに変容が起こるのだと思った。またセラピーの場（空間）がより治癒的に動くのは、セラピスト自身が癒されているからだと思う。このようなセラピーを受け、体験を重ねていくと、自分自身が自然に変容していく。

筆者は、シーラとの出会いで、心理学の方向性、臨床スタイル、価値観、考え方、ライフスタイルまで変化を及ぼすほどの影響を受けたのである。彼女から学んだ大切なことの一つは、セラピストとして、自分のこころの有りようを知る作業を、ライフワークとしてし続けることであった。それは、宗教人類学者の中沢新一が「こころの本性を学ぶこと。こころとは何者かを知りぬくことによって、こころを支配しているすべての幻影を突き抜け、こころの本然の有りように到達する」（『虹の階梯』平河出版社）と語っていることに相通じるものがある。セラピストとして、自らが癒される体験をすることで、自分の無意識の地図をつくっていくのである。それは、セラピストが癒された分だけ、癒しのセラピー空間ができあがることを意味する。それはセラピストの修行そのものである。多くのセラピストはクライエントを問題にするが、セラピストとしての自分自身を棚上げにしている場合が多いのではないだろうか。セラピーとは「二にして一の世界」である。サイコセラピーといっても、精神分析、分析心理学、行動療法、来談者中心療法など様々なセラピーがある。どの心理学の地図を自分のベースにするかの違いである。すべてのセラピーは有効であり、優劣はない。そして、各自が出会った学派の人たちによって、自分の中にある種子が開き、成長するのである。このように、東洋的な心理臨床に目が向いていたシーラに出会い、セラピーとは心身一如《しんしんいちにょ》の視点から霊性にアプローチすることであるという本質を学んだのは大きい。また、米国の留学中に、ユング派の分析家でもあり僧籍をもつカリフォルニア州立大学教授の目幸黙僊先生に出会ったことも大きかった。目幸先生を通して、ユング心理学と仏教という新たな領域に目を開かされ、東洋的な世界観に惹かれたのである。

日々の心理臨床の中で、「何かが足りない」と自らのセラピーの限界を痛感する時期があった。それは、境界例のクライエントのセラピーを数多く行っていた頃だった。神経症レベルの人たちは皮膚感覚を伴って感じが伝わってくるが、境界例レベルの人たちは皮膚感覚を飛び越えて一気にセラピストの無意識に侵入してくる。まさにトランスパーソナルな領域である。セラピー中、息苦しくなったり、眠くなったり、考えていることが相手に伝わっているように思える。セラピーが終わるとイライラしており、次の面接への意識の切り替えに時間がかかったりもする。また、プライベートの時間にも侵入されている感じを抱いたりした。何度か体調を崩し、セラピストとして本当にやっていけるのだろうかと思った時期もあった。セラピストの精神までも揺り動かす凄まじいエネルギーとは一体何なのか、この無意識のなせる技は一体何なのかと、暗中模索せざるを得なかった。

その頃、知人の紹介で、ある気功の会に参加した。その会には東洋医学の医師と鍼灸師が多く集まっていた。そこで気功（内気功＋外気功）を学ぶことで、筆者の気の世界が一気に開いた。特に外気功を学ぶプロセスで、境界例の人たちの個を超えたエネルギーの使われ方のヒントを筆者なりに得た。そのとき目からうろこが落ちる思いがしたのである。それ以来、心理職人として東洋医学と気功に無意識のメカニズムを見いだしたいという思いがふくらんだ。その後、中国人医師に出会い、本格的に外気功を学ぶことになった。そして、中国の上海中医薬科大学付属の気功研究所を訪問したことは大きな契機になった、それらの気功体験を通して、気の働きそのものがトランスパーソナル領域であることをより実感するようになったのである。

毎年秋に、カウンセリングオフィス神戸同人社が主催している精神科医の神田橋條治先生の事例検討合宿がある。この合宿も十数年が過ぎると思うが、筆者は毎年参加している。事例検討中心の合宿だが、夜遅くまで行われる懇親会で、神田橋先生が語る気の話や身体を用いた気の技術を学べることが、この合宿の魅力でもある。神田橋先生から学んだ身体技法や気の技術は、本書の内容に大きな影響を与えている。

本書の成り立ちは、筆者が気功の会に参加し、「気」に触れる体験から始まっている。気功を学ぶプロセスで東洋医学に出会った。そして、東洋医学を学ぶことで、その背景にある中国四千年の思想が横たわっていることに気づかされた。その中には、道教、儒教、仏教と、壮大かつ深遠な「気」の思想が脈々と流れていたのである。この壮大な知恵を門外漢の筆者が読み解くには限界があった。しかし、心理臨床に役立つ「気」というキーワードを用いて、「気の思想」という大海を航海する中で、出会った事柄が本書にまとめられた内容である。

第一章の「東洋における気の思想」では、まず万物が生成されるプロセスにおける陰陽論について述べている。気一元の太極から陰陽二気のエネルギーが派生し、世界が構成されていく。陰陽を自然界では天と地、昼と夜、明るいと暗いなど、人体では上部と下部、体表と体内、背中と腹部など、二つの事象に分け、その陰陽のバランスによって成り立っている。また、『易経』と『老子』における空間分割についても言及している。五行論では、すべての事物を「木《もく》・火《か》・土《ど》・金《こん》・水《すい》」の五つの要素に分類し、自然界では四季や方位、人体では五臓六腑など、五つの要素で世界が構築されている。この陰陽五行は東洋思想の基本的な概念になっている。易の思想においては、陰陽八卦の基本となす六十四卦による太極的宇宙を垣間見られるようにまとめた。易といえば、「易占い」で有名であるが、『易経』は「占い」を超えた普遍的な気の有りようを示したものであり、天下国家の大事から個人の悩みまで、気の働きを読み解く知恵のツールである。その『易経』を概観し、実際に筆者の問いを易の神様（太極）に聞く作業を行っている。

第二章の「東洋医学における気の意味」では、筆者が学んできたプロセスで「東洋医学とは何か」をわかりやすく説明している。筆者は東洋医学に出会ったとき、西洋医学のマインドで東洋医学を理解しようとしていた。この二つの医学は全く異なる概念で構築されており、東洋医学のマインドに馴染むのにかなりの時間を要した。それゆえ、まず西洋医学と東洋医学の違いを述べた。東洋医学では「見えない身体（微細身）」を問題にしており、その臓腑に流れる「気血水」の医学であることをわかりやすく説明することを試みた。その中でも「気」をキーワードとして身体における気の機能、経絡という気のネットワークについて述べ、気は「こころの働き」として身体内を巡り、五臓と七情との関係が深いことを説明している。また、心理臨床学に関わる概念として、「精《せい》」「神《しん》」「魂《こん》」「魄《ばく》」「意《い》」「志《し》」があり、東洋医学における「こころの構造」を提示している。そして、東洋医学ではどのようなプロセスで治療を行われるのかを述べている。

第三章の「気功における気の働き」では、筆者の気功体験から「気功とは何か」を解きほぐす作業を行った。気功の定義から説明を行い、気功のメカニズムでは基本になる「調身・調息・調心」について説明している。気功は、実際に体感しなければ理解できるものではない。筆者が現在学んでいる「峨眉法済動功」について述べ、気功とはどのようなものかを伝える作業をしている。また伝統的な気功である「八段錦」を中国伝承医学の視点から分析を行っている。気功の練功法には「動功」と「静功」があり、「静功」の方法にも言及している。そして、「外気功」を行うにはどのような気感のトレーニングが必要であり、実際の外気功の方法論を「気の手当て法」と「気針法」で説明している。

第四章の「東洋における象徴的身体」では、「目に見えない身体（微細身）」を取り上げている。本章では中国医学における「経絡の身体」とインド医学における「チャクラの身体」を概観することで、「粗大身（グロス・ボディ）」の奥に存在する「気の身体」を理解してもらう。この微細身は「精・気・神」の三つの次元があり、その次元を我々は同時に生きており、その身体に伴う意識の状態にも触れている。そして、道教における象徴的身体である「内経図」を示し、微細身をリアリティをもって理解してもらう。そして、この象徴的な微細身を、道教の「内丹」という方法論を用いて、俗なる身体から聖なる身体へと、俗なる意識性から聖なる意識性へと、スピリチュアルな次元へと変容する「身体技法」について説明している。

第五章の「気の心理臨床の視座」では、第一章から第四章まで述べてきた東洋の知識と知恵をいかに心理臨床の領域に導入し、自文化に適した役立つ心理臨床を行うかに焦点をあてている。東洋的な気の視点から考えれば、心理臨床はセラピストとクライエントの関係だけではない。まず、

「気場」という概念がある。臨床を行う環境と部屋（場）の風水、セラピストとクライエントに流れる気の働きのメカニズムを説明している。そして、臨床力を高めるために、セラピストがクライエントの気（情報）に感応するメカニズムを解き明かしている。次に、心理療法の視座と題して、こころと身体を分けて心理臨床を行っている教育の問題点を「心身一如」の視座から説明する。こころの領域は言語とイメージ、身体の領域は動作と身体感覚で表現されている。こころだけを取り上げる心理療法がいかに部分的であり、ホリスティック（全体的・統合的）でないかを理解してもらう。そして、身体にアプローチする気功の導入について説明している。次に、二十年近い開業心理臨床の経験から、筆者が行っている初回面接のノウハウを明らかにすることで、気の心理臨床のエッセンスが見えてくるのではないかと思う。最後に、心理臨床にとって最も重要な領域である「スピリチュアリティ（霊性）」について言及している。

黒木　賢一

●目次

■初出一覧

第一章　東洋における気の思想
○「東洋における気の思想」『大阪経大論集』五六巻五号、大阪経済大学、二〇〇六年三月

第二章　東洋医学における気の意味
○「東洋医学における気」『大阪経大論集』五六巻六号、大阪経済大学、二〇〇六年五月

第三章　気功における気の働き
○「気功心理学事始め」『大阪経大論集』五六巻一号、大阪経済大学、二〇〇五年六月

第四章　東洋の象徴的身体
○「心理臨床から観る道教の内丹」『大阪経大論集』五六巻三号、大阪経済大学、二〇〇五年九月
○「気が交流する心理的身体」目幸黙僊・黒木賢一編著『心理臨床におけるからだ』、朱鷺書房、二〇〇六年三月

第五章　気の心理臨床の視座
○「心理臨床における心身一如の視座」『心理臨床学研究』第二二巻四号、日本心理臨床学会、二〇〇四年一〇月
○「心理臨床における気の見立て」『大阪経大論集』五六巻二号、大阪経済大学、二〇〇五年七月
○「高次な意識へのアプローチ」加藤清監修『癒しの森』、創元社、一九九六年一〇月
○「気が交流する心理的身体」目幸黙僊・黒木賢一編著『心理臨床におけるからだ』、朱鷺書房、二〇〇六年三月

各章とも、まとめるにあたり、かなり大幅に加筆修正を行った。

第一章　東洋における気の思想

一「陰陽《いんよう》五行」の世界観

1 陰陽論

東洋における万物の生成論では、無極の混沌である気一元から、物質の基礎としての陰陽二気が生じ、それらがお互いに抱き合いながら消長を繰り返している。図1-1の右図は、円の象徴として、一なるもの、太極、空、虚、無を表し、左図では一なるものが二分割され、陰と陽を表したものである。楊[1]によれば、「太極とは、時間的、空間的無限を意味し、無極とは、無方向・無形状・無限量である太始の渾沌とした元気を指し、そこでは道は一を生ず」という。この天地宇宙を表した円の中に表された陰陽二気では、陰の中にも陽があり、陽の中にも陰があり、絶えず流動し循環しながら調和を保っている。

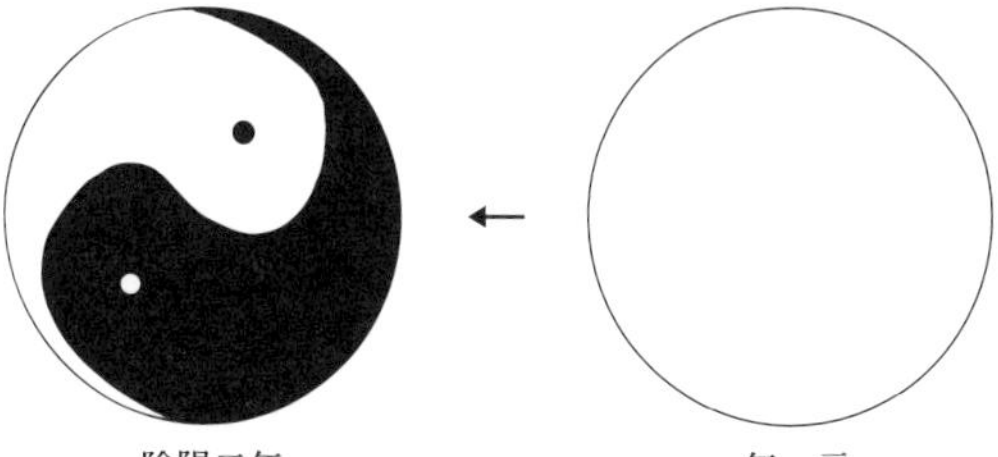

『周易と中医学』[1]より

■図1-1　太極図

渾沌とした無極としての一元の「気」とはどのようなものであろうか。それは「気」という文字から古代人がどのように気を捉えていたかがうかがえる。白川[2]によれば、「気」字は初文において「气」が用いられており、象形文字の「⺕」まで遡ることができ、雲気が空に流れ、その一方が垂れる形を示している。この字は、ゆらゆらとした雲のような気体のイメージであり、実体として捉えがたいが存在しており、留まることのない流動した「いのちの働き」の表現として捉えていたと思われる。「気」の字は「氣」を簡略化したもので、「風気・気力・気質など人の性情のもとづくところの意があり、雲気・天気をもいう[2]」といわれている。

古代人は、自然と共に生活する中で、自然の現象がすべて二つの大きな事象（陰陽）に分けられていることを当然のこととして受け入れていた。朝になれば東から太陽が昇り明るくなり、夕方になれば西に太陽が沈み暗くなり月が出る。夜から朝になることで陰陽のエネルギーが刻々と変化していく。陰と陽の純粋な時間はほんの一瞬しかない。一日のうちでも陽中の陽→陽中の陰→陰中の陰→陰中の陽に変化し、留まることのない動きがある。常に相反する陰陽が必要であり、バランス（調和）の中で自然は息づいている。朝、陽のエネルギーが盛んになり目覚め活動する。夕方になると次第に陰のエネルギーが強くなり、活動も鈍くなり眠けが出てくる。陰陽の流れによって、一日のリズムや体の調子を保っている。陰陽のバランスが崩れると心身の状態が狂ってくる。四季にも循環がある。春になると暖かくなり、すべての動植物が活発になる。秋になると寒くなり活動が低下していく。見上げれば天があり、足下には地がある。二つの事象は、活発、明るい、温熱、上昇、外向なものを「陽」と呼び、静か、暗い、寒冷、下降、内向なものを「陰」と呼んだ。春が近づくと、陰中の陽から真夏の陽中の陽へ、秋が近づくと陽中の陰へ、真冬になると陰中の陰になるというサイクルがある。

また、人体も上部・体表・背中は陽とし、下部・体内・腹部は陰として考えた。こころの状態は、明るい・ウキウキ・軽いなどを陽とし、暗い、沈む、重いなどを陰とした。こころも身体も自然の事象に対応するものと捉えていた。自然を「大宇宙」とし、また人間を「小宇宙」と対比させたのはこのようなことからもうかがえる。それは、人間も自然の一部として捉え、自然と共に生きている有機体として、すべての事象が相対立する陰陽の強弱をもってバランスをとっているという事実に気づいていたからである。暑い夏（陽）から寒い冬（陰）に変化すると共に、気分は開放的な陽から閉鎖的な陰になる。「陰・陽」という二つの事象が自然の流れであると身をもって知っていた。このような古代人の知恵から「陰陽論」が生まれてきたのである。

人の体質も「陽証」と「陰証」に大別して考えている。「陽証」とは陽気が盛んで、闘病反応が積極的に起こっている状態や時期のことを指す。熱性傾向が強くて、のぼせ感、全身のほてり、イライラして落ち着かない、頭が冴えて不眠傾向になるなどの症候が現れてくる。一方、「陰証」とはその反対で、熱の要素が少なく、寒気や四肢の冷えを感じやすい。また冷えによる下痢や頻尿といった症状や、気血の不足がもたらす無気力感、倦怠感などの症候が現れる状態や時期を指す。陰陽のバランスの崩れは様々な要因によって起こるので、全体を診なくてはならない。また、私たちが「気が重い」と感じるときには陰の気が過剰になり、「気が散る」というときには陽の気が過剰な状態になっている。どちらが多くても陰陽のバランスが崩れる。そのときの気とは、こころの状態のことを示している。あることが気になり、そのことばかりが頭の中をめぐり、イライラしたり、落ち込んだり、不安になったりする。それは思いの深さであり、形態が異なる気の現れで、「情報としての気」と捉えることができる。

人間も自然界に生きる動物であるがゆえに、この陰陽の法則のもとに生き、人体の気もバランスをとりながら巡っているという考え方が、気功などで用いられる広義の気の概念である。一方、東洋医学では、気を人体という部分に集約し、その役割をより細分化させ気血水という身体を構成する物質の一つと考えており、緻密に身体の気のメカニズムとして捉えている。これは狭義の気の概念といえる。このような気の概念が物質的な意味から広義の気の概念を有するようになったのは、道家（老子・荘子）の影響を受け、陰陽論に結びつくようになってからである。

『老子道徳経』の上編第一章は、「無名天地之始、有名万物之母」（名無は天地の始め、名有は万物の母）というタオ（道）の本質を表す根元から始まっている。これは原初なる「無」から現象としての「有」が生じており、この二つのリアリティは、名がつくことで、前者を「道」といい、後者を「万物」というように表現されている。しかし、その根本は同じであり、その深遠さを「玄」と表現している。また、「道生一、一生二、二生三、三世万物。万物負陰而抱陽、沖気以為和（道は一を生じ、一は二を生じ、二は三を生じ、三は万物を生ず。万物は陰を負いて陽を抱き、沖気を以て和を為す）」（下編四二章）と述べられている。これは道という一の世界から、微細なる働きとしての気が躍動し陰陽の二気が生じ、その陰陽の気の働きからこの世のすべてを創造し、二つを媒介する沖気《ちゅうき》によって調和が生じるというのである。このように、万物の根本を意味する陰陽思想と結びつき、気は大宇宙（大自然）と小宇宙（人体）につながり、流れ動く概念として大きく捉えられるようになった。

山田(3)は、生成論の構造的な相違について、空間分割の形式から思考法の原初的な形式が発生していると捉え、『老子』と『易』を比較した考察をしている。図1-2で示すように、渾沌とした無極の円を分割するには、上下の二分法と内外の二分法の二通りがあり、内外二分法の場合、同心円構造の内円は、この状態では決して分割されることのない渾沌の状態であるという。これらの二分法

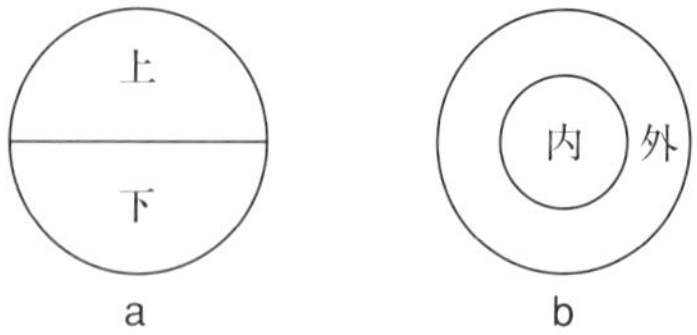

■図1-2　世界の分割二つの基本型

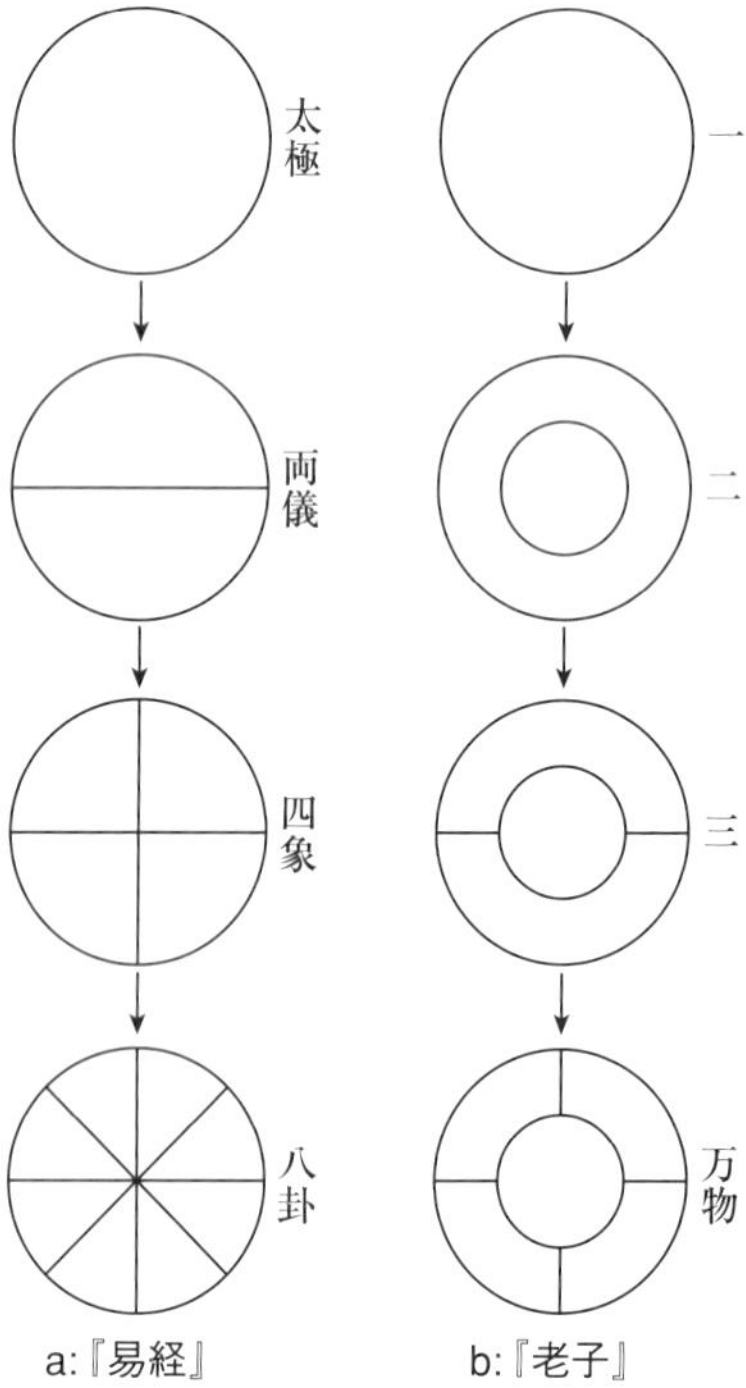

■図1-3　『易経』と『老子』における空間分割

が、『老子』と『易経』での思考の違いであり、それを比較したのが図1-3である。『易経』では、太極から両儀、四象、八卦《はっか》と徹底した二分法になっている。『老子』では、「一は二を生じ、二は三を生じ、三は万物を生ず」となっており、三分割の次は万物で五分割になっている。この「五分割は五行

■図1-4　五行を示す五分割

図1-2〜1-4『中国医学の思想的風土』[3]より

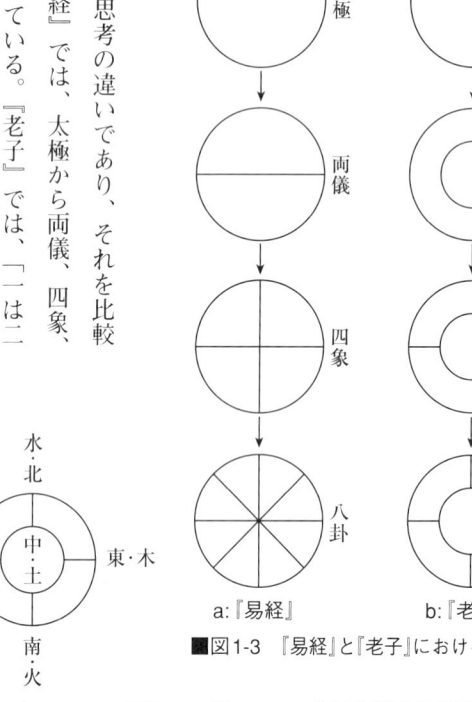

にほかならず、五行は万物を包含する分類のカテゴリー」[3]であるという。図1‐4は五行のカテゴリーを示している。

この山田の論考に関して、三浦[4][5]は、「五行思想と『老子』の生成論をいとも易々と、かつあざやかに繋いでいる」と賞賛し、「後世になると『老子』の陰陽論と五行思想とが沖気を媒介にして重ねて把握されるようになる」と述べている。このことに関して、「内円こそが沖気であり、沖気が五行の中央土を結合して」いると論じ、その論証として、五行の中央土の性格が「万物は陰を負い陽を抱き、沖気を以て和を為し、和は中央に居る。是を以て木の実は心に生じ、草の実は莢に生じ、卵胎は中央に生ず」(『文子』)の一文を示し、「和は中央に居る」として、和＝沖気を中央においているのだと論を発展させている。さらに三浦は、中央土と沖気を結合させている周濂渓の図1‐5「太極図」を取り上げている。この図は、上から第一の円が太極を表し、第二の円が陰陽の二気に分化して、次に五行を表している。そして、第四が男（陽＝天）と女（陰＝地）の交合した一つの円として描かれ、第五は万物が生成される円を象徴化したものである。この図の中央に位置する、五行カテゴリーの中心に土が置かれており、陰陽論から出てきた沖気と一体化し、土＝沖気が「媒介的な性格」として表されるようになったと論じている。

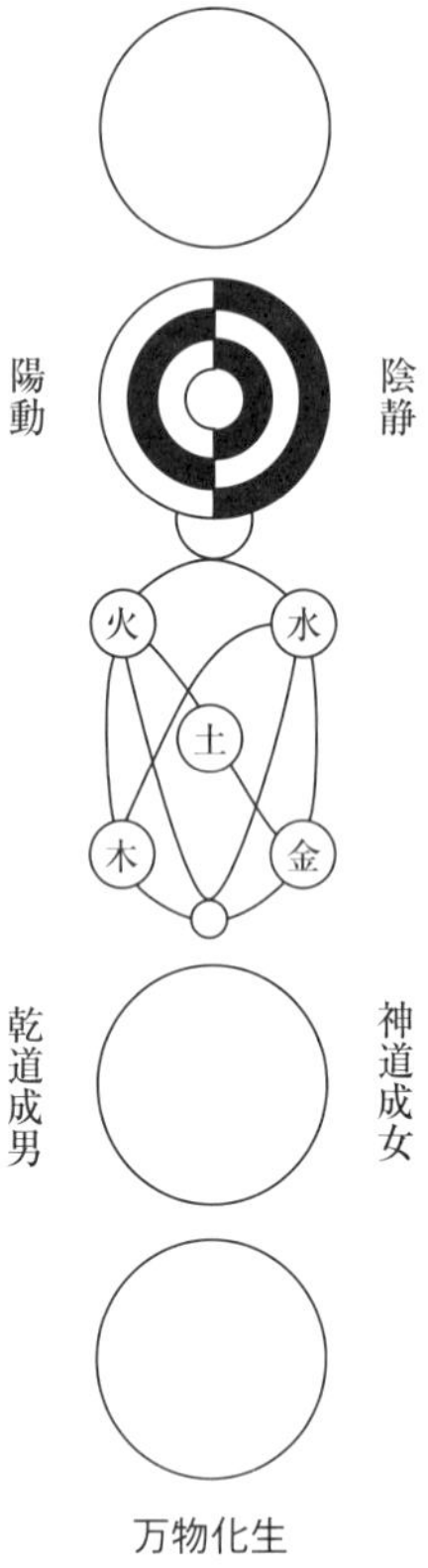

『講座道教 道教の生命観と身体論』(5)より

■図1-5　周濂渓の「太極図」

2 五行論《ごぎょうろん》

古代人は、森羅万象における様々な現象や形を五つの要素で成り立っていると考えた。その要素とは、木《もく》・火《か》・土《ど》・金《こん》・水《すい》であり、それぞれにもつ特性がある。仙頭(6)によれば、自然の要素としての五行の特性は、「木」とは樹木のように柔軟にのびる性質、「火」とは炎や熱のように昇発急速の性質、「土」とは土の中で生まれる豊満重厚な性質、「金」とは透明でさらさらした性質、「水」とは下に流れ固まる性質がある。このような性質をもとに、自然界や人間の身体の性質をあてはめて理解していた。これらの性質を自然と人体に分け、五つの要素に分類したのが表1-1である。

石田[7]によれば、「五行論自体は『時令』と呼ばれる四季それぞれにふさわしい政令を盛りこんだカレンダーのような書との関係で、循環の諸関係を磨き上げていったように考えられる」という。図1-6は時令の枠組と五行の相生《そうせい》と相剋《そうこく》説を示したものである。時令の枠組の図を見てみると、東西・南北の四方に春秋・夏冬の四季を配当しており、木金・火水に中央の土を加えて五行のカテゴリーができあがっている。このような四季折々の現象と様々な諸事象が五行の特性と関連づけられて、飛躍的に豊かな内容をもつことになったと石田は論じている。

五行の特性とその働きについては、「相生」と「相剋」という概念がある。「相生」とは、一つの勢いが盛んになれば、ほかのものも盛んになる働きが循環することをいう。図1-6では実線の矢印で示している。木が燃えると火（木生火）になり、その灰は土（火生土）になり、土の中で金（土生金）になり、金は溶けて水（金生水）に、水は木（水生木）を生み出

■表1-1　五行の分類表

	五行	木	火	土	金	水
自然界	五季	春	夏	長夏	秋	冬
	五方	東	南	中	西	北
	五気	風	熱	湿	燥	寒
	五色	青	赤	黄	白	黒
人体	五臓	肝	心	脾	肺	腎
	六腑	胆	小腸	胃	大腸	膀胱
	五志	怒	喜	思	悲(憂)	恐
	五神	魂	神	意	魄	志

すといった循環関係のことをいう。また相生《そうせい》の関係は「親子関係」に例えられており、木生火では木が母で火は子になり、火生土では火が母で土が子になるといった関係がある。[8][9] 相剋《そうこく》とは、五行がお互いの勢いを抑制する働きをし、その関係の中で循環することをいう。図では点線の矢印で示している。木は土から養分をもらい（木克土）、土は水を必要とし（土克水）、水は火を消すことができ（水克火）、火は金を溶かし（火克金）、金（物）で木を切る（金克木）といった循環がある。木は土の勢力が大きくなるのを抑制し、土が抑制されすぎて小さくなるとバランスが悪くなり、土によっても育てられている。そして、木の勢力が大きくなるのを金が抑制するといった相互関係がある。このように相剋と相生は五要素のつながりと循環の中で大きさを強めたり弱めたりしながらお互いのバランスをとっている。

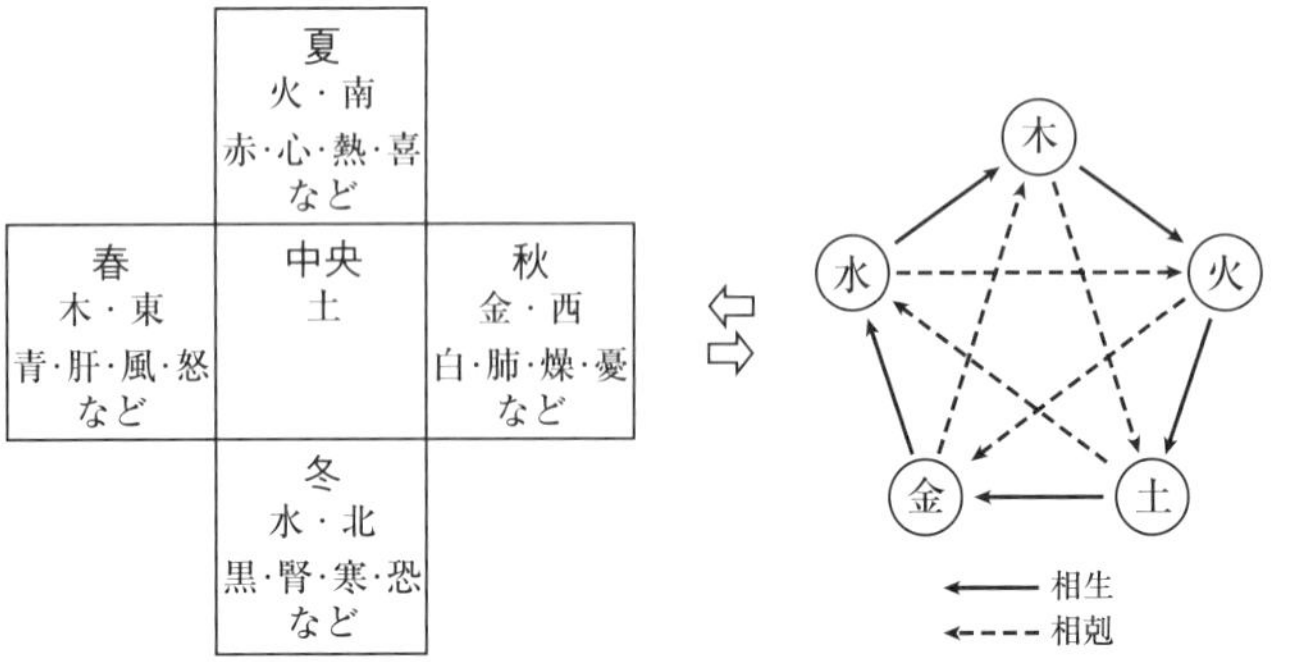

『中国医学思想史』[6]より

■図1-6　時令の枠組と五行相生《そうせい》・相剋《そうこく》説

また、自分の勢いが非常に弱くなると相手の勢いが強くなり、抑制している相手に逆に抑制されることが起こり、ますます勢いが弱まることを「相侮《そうぶ》」という。相克の関係においては、抑制されるものが弱くなりすぎるとそれに応じて抑制がさらに強まることで、より弱くさせることを「相《そう》乗《じょう》」という。仙頭[6]は、治療においては相生と相剋がスムーズに働くように考え、相侮と相乗が起きないようにコントロールすることが重要だと、東洋医学の視点から述べている。

二「易」の思想

1『易経』の概念

『易経』は「周易」とも呼ばれ、中国の古来からあった占いを、周の時代（紀元前十二世紀）に完成したといわれている。『易経』という経典は、陰陽八卦《いんようはっか》を基本としてなる六十四卦（表1-3参照）の内容がまとめられており、本文は上・下の二経に分かれ、その解説として十篇が加えられ一冊になっている。これは伏義が八卦を画し、文王がこれを六十四卦に進化させ、文王と周公が卦辞《かじ》を加えて、孔子が十翼《じゅうよく》（易の本文の十篇の解説）を作ったといわれている。[10][11]『易経』は儒教の経典の「四書五経」の中に含まれている。四書とは『大学』『中庸』『論語』『孟子』、五経とは『易』『詩』『書』『礼』『春秋』のことをいう。「経」という文字は、もともと織物の縦糸という意味だが、それから発展して、道筋、人の生きる道、天下国家の道、さらには宇宙を動かす道（法則）を表すようになった。日本に『易経』が伝えられたのは五、六世紀だといわれている。また、臨床心理学の領域においては、カール・ユングが中国学者のリヒアルト・ヴィルヘルム訳『易経（the Book of Change 変化の書）』に「易と現代」と題した序文を書いている。ユングは序文を書くにあたって、易経を英語圏の読者に伝えるためにかなりの工夫と努力が伴った内容を意識している。ユングは、「唯一の問題は、易経の占いの方法が実際に利用できるかどうか、そしてそれらが有効であるかどうか、ということであった」(12)と述べている。臨床家としてのユングは、東洋の神秘的な易経に対して実際的な側面から、自ら易をたてることによって、実証的な説明を試みた唯一の心理学者であった。

図1-7は明の時代に描かれた趙仲全による「古太極図」である。円の中には黒（陰）と白（陽）の二気がお互いに抱き合うように描かれており、円の外には「易経」の八卦《はっか》の文字が書かれている。三浦(4)によれば、この図は外円を太極として、そこから陰陽が分かれ世界が生まれ、陰（坤《こん》＝地）陽（乾《けん》＝天）を示す空間的な配置だけではなく、時間的な季節の流れ、下から時計回りに陰（坤＝冬）

陽（乾＝夏）をも表しているという。この太極図の外円に描かれている八卦《はっか》の文字は、乾《けん》（☰）、兌《だ》（☱）、離《り》（☲）、震《しん》（☳）、巽《そん》（☴）、坎《かん》（☵）、艮《ごん》（☶）、坤《こん》（☷）であり、陰陽の記号で表されている。

易の思想の中心は、太極である気一元から始まり、気二元としての陰と陽に派生することである。陽を⚊、陰を⚋の記号で表す。陽の爻《こう》は陽爻《ようこう》といい能動的な要素をもち、陰の爻は陰爻《いんこう》といい受動的な要素をもつ。『繫辞伝《けいじでん》』では「易に太極あり、これに両儀を生ず。両儀は四象を生じ、四象は八卦を生ず[10]」といい、図1-8は八卦の生成過程を説明したものである。この八卦《はっか》の二つの組み合わせ（二乗）で六十四種類の得卦《とくか》が得られる。表1-3の六十四卦一覧表を参照してもらいたい。

図1-8は下から上に、「太極」である気一元が、「両儀《りょうぎ》」の陰陽二気に分かれる。次に、陽は老陽（陽と陽（⚌））、小陰（陽の中に陰の要素が入り込み（⚍））、陰は老陰（陰と陰（⚏））、小陽（陰の中に陽の要素が入り込み（⚎））の四つの気の働きとしての「四象《ししょう》」に派生していく。この

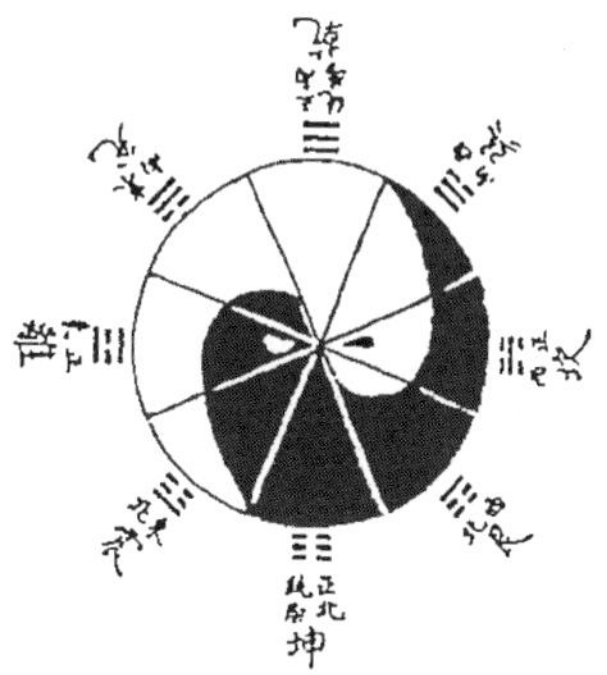

『不老不死という欲望』[4]より

■図1-7　趙仲全の「古太極図」

派生の法則で、次に八方向への気の働きである「八卦《はっか》」が生じてくるのである。これを自然現象に対応させ、天（＝乾）、沢（＝兌）、火（＝離）、雷（＝震）、風（＝巽）、水（＝坎）、山（＝艮）、地（＝坤）に配当している。易経の生成論は前述（七ページ）しているので参照してもらいたい。

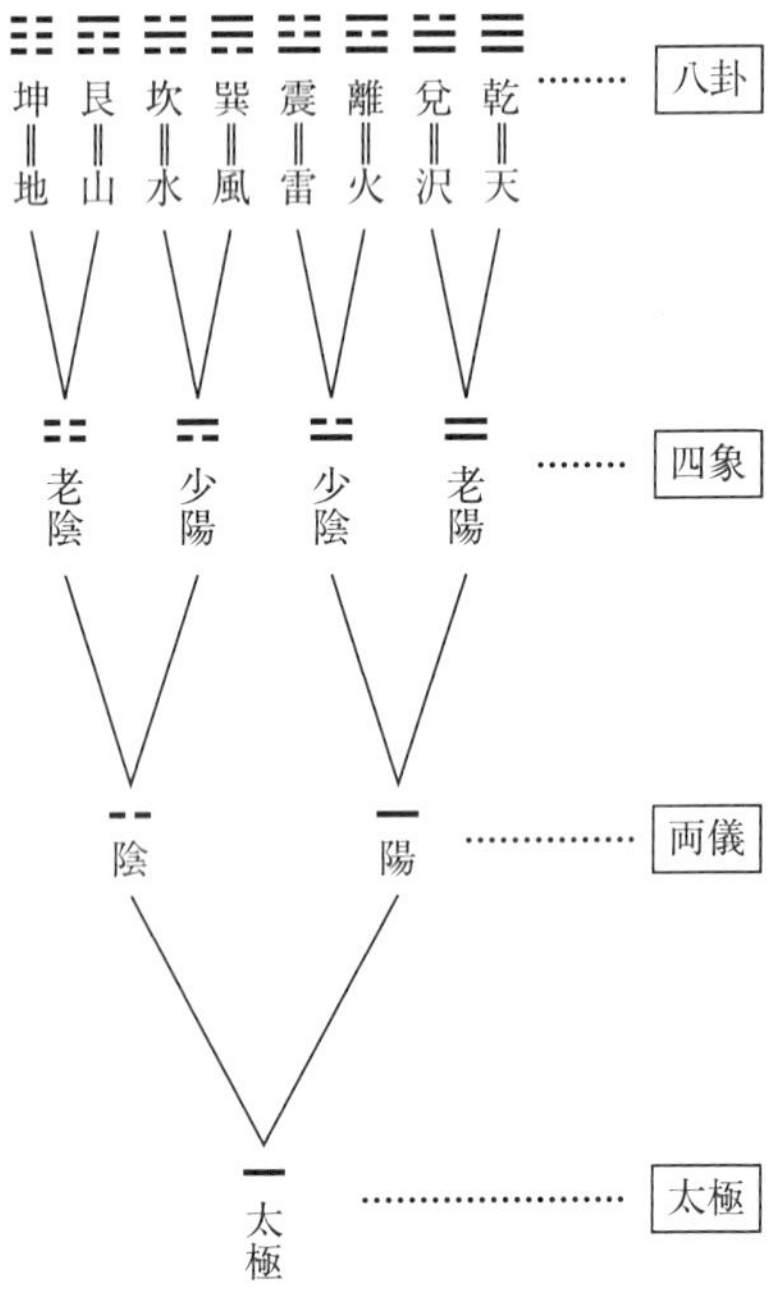

『易と日本の祭祀』(11)より

■図1-8 「八卦《はっか》図」

この八卦は自然の事象のみならず、人間、属性、動物、身体、方角などにあてはめられており、それぞれで万物を象徴化している（表1-2）。乾坤二卦は陰陽の始まりであり、「天・地」があり万物が生じ、「父・母」があり子が生じ、また「健・順」といった属性が生じるのである。そこに易の根本思想がある。

■表1-2　八卦《はっか》の卦象

	乾 ☰	坤 ☷	震 ☳	巽 ☴	坎 ☵	離 ☲	艮 ☶	兌 ☱
自然	天	地	雷	(木)風	(雨)水	(日)火	山	沢
人間	父	母	長男	長女	中男	中女	少男	少女
属性	健	順	動	入	陥	麗《つく》	止	説《よろこぶ》
動物	馬	牛	竜	雞	豕	雉	狗	羊
身体	首	腹	足	股	耳	目	手	口
方角	西北	西南	東	東南	北	南	東北	西

『易』[13]より

2　易占いの手順

次に易の占い方を紹介する。易占具は図1-9で示されている、筮竹《ぜいちく》、筮筒《ぜいとう》、算木《さんぎ》、格台《かくだい》を用いて行う。卦をたてるには筮竹と算木があればよい。筮竹は約三〇センチの竹ひご五十本、算木は長さ一〇センチほどの角材六個が必要である。角材の隣り合う二面の中央は二センチほど赤色に塗られている。現在、筆者が大阪の朝日カルチャーセンターで行っている「気の心理臨床学」講座のプログラムの中に「易経を心理学する」があり、そこでは易占いの筮竹《ぜいちく》と算木《さんぎ》を手作りしている。筮竹は百円ショップでバーベキュー串（五十本入）を購入し、先端をハサミで切り取ると二六センチぐらいの竹ひごができ上がる。算木は一〇センチほどの角材六個を用意し、角材の中央を赤色のサインペンで塗る。このような簡単な方法で手作りした筮竹と算木を受講生は使用している。

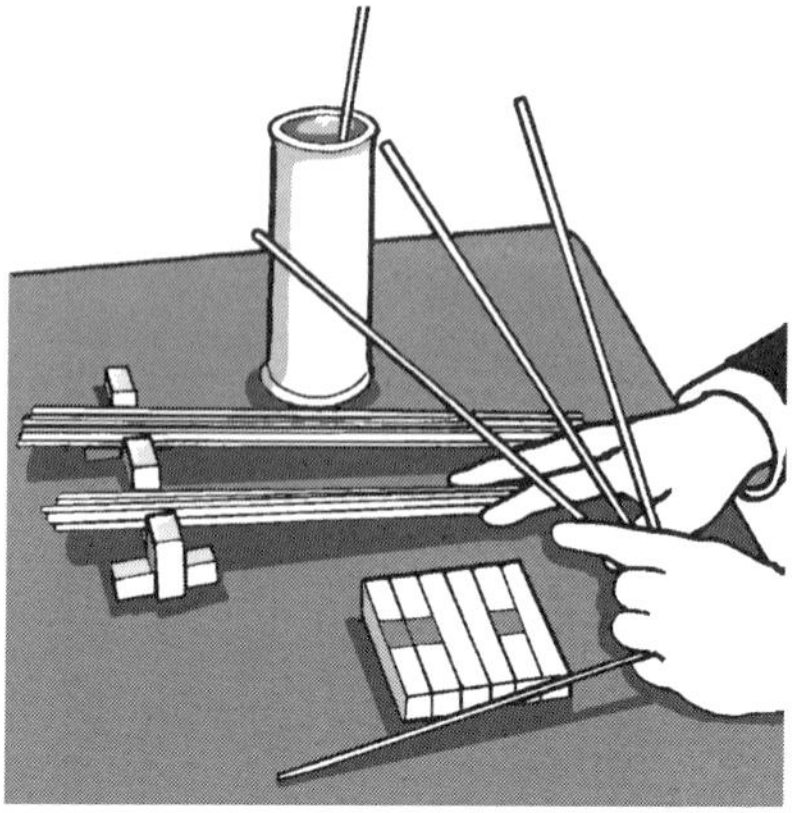

■図1-9　易占法

筆者は易占法については、伊藤未斎（故・高森一徳）先生から指導を受け、「未斎流《びさいりゅう》」を学んだ。この易占法は「略筮法《りゃくぜいほう》」で、江戸時代の新井白蛾が考えだした方法である。古来の易占法には「本筮法《ほんぜいほう》」「中筮法《ちゅうぜいほう》」があり、また簡単な方法として三枚のコインの裏表を用いる「擲銭法《てきせんほう》」がある。未斎流の略筮法は次の要領で行う。

① 五十本の筮竹から一本を抜き取り筮筒に入れる。この一本は「太極」と呼び、易の神様が宿

るとされている。

②　四十九本を扇形に開き、無念無想で左右両手に分ける。左手の筮竹を「天」、右手の筮竹を「地」に象《かたど》る。右手の筮竹を格台におき、一本抜き取り、左手の小指と薬指の間にはさむ。この一本を「人」に象る。ここで、「天・地・人」の三才が一つになるのである。

③　左手に残った筮竹を右手で二本ずつ「春・夏・秋・冬」とつぶやきながら、八本ごとに右手に移しかえる。最後に残る数は〇～七本になり、左手にはさんでいる一本を加えた数が小《しょう》成卦《せいか》を示す数字になる。残りの数が一本（天☰）、二本（沢☱）、三本（火☲）、四本（雷☳）、五本（風☴）、六本（水☵）、七本（山☶）、八本（地☷）を示している。ここで得た卦が下卦《げか》（内卦ともいう）である。

④　次に上卦《じょうか》（外卦《げか》ともいう）を出すために②～③の作業を行い、下卦（三爻）と上卦（三爻）を合わせて大成卦《だいせいか》（六爻）が出たことになる。最後に変爻《へんこう》を知るために②の作業を行い、③の作業では、左手に残った筮竹を右手で二本ずつ「天・地・人」とつぶやきながら、六本ごとに右手に移しかえる。最後に残る数は〇～五本になり、左手にはさんでいる一本を加えた数が変爻を示す数字になる。合計が一本（初爻）、二本（二爻）、三本（三爻）、四本（四爻）、五本（五爻）、六本（上爻）を示す。目印のため、算木を左右いずれかに少しずらしておく。これで

■表1-3　六十四卦一覧表

(坤《こん》)地《ち》 ☷	(艮《ごん》)山《さん》 ☶	(坎《かん》)水《すい》 ☵	(巽《そん》)風《ふう》 ☴	(震《しん》)雷《らい》 ☳	(離《り》)火《か》 ☲	(兌《だ》)沢《たく》 ☱	(乾《けん》)天《てん》 ☰	上卦《じょうか》／下卦《げか》
地《ち》天《てん》泰《たい》 ☷☰	山《さん》天《てん》大《たい》畜《ちく》 ☶☰	水《すい》天《てん》需《じゅ》 ☵☰	風《ふう》天《てん》小《しょう》畜《ちく》 ☴☰	雷《らい》天《てん》大《たい》壮《そう》 ☳☰	火《か》天《てん》大《たい》有《ゆう》 ☲☰	沢《たく》天《てん》夬《かい》 ☱☰	乾《けん》為《い》天《てん》 ☰☰	天《てん》(乾《けん》) ☰
地《ち》沢《たく》臨《りん》 ☷☱	山《さん》沢《たく》損《りん》 ☶☱	水《すい》沢《たく》節《せつ》 ☵☱	風《ふう》沢《たく》中《ちゅう》孚《ふ》 ☴☱	雷《らい》沢《たく》帰《き》妹《まい》 ☳☱	火《か》沢《たく》睽《けい》 ☲☱	兌《だ》為《い》沢《たく》 ☱☱	天《てん》沢《たく》履《り》 ☰☱	沢《たく》(兌《だ》) ☱
地《ち》火《か》明《めい》夷《い》 ☷☲	山《さん》火《か》賁《ひ》 ☶☲	水《すい》火《か》既《き》済《せい》 ☵☲	風《ふう》火《か》家《か》人《じん》 ☴☲	雷《らい》火《か》豊《ほう》 ☳☲	離《り》為《い》火《か》 ☲☲	沢《たく》火《か》革《かく》 ☱☲	天《てん》火《か》同《どう》人《じん》 ☰☲	火《か》(離《り》) ☲
地《ち》雷《らい》復《ふく》 ☷☳	山《ち》雷《らい》頤《い》 ☶☳	水《すい》雷《らい》屯《ちゅん》 ☵☳	風《ふう》雷《らい》益《えき》 ☴☳	震《しん》為《い》雷《らい》 ☳☳	火《か》雷《らい》噬《ぜい》嗑《ごう》 ☲☳	沢《たく》雷《らい》随《ずい》 ☱☳	天《てん》雷《らい》无《む》妄《ぼう》 ☰☳	雷《らい》(震《しん》) ☳
地《ち》風《ふう》升《しょう》 ☷☴	山《さん》風《ぷう》蠱《こ》 ☶☴	水《すい》風《ふう》井《せい》 ☵☴	巽《そん》為《い》風《ふう》 ☴☴	雷《らい》風《ふう》恒《こう》 ☳☴	火《か》風《ふう》鼎《てい》 ☲☴	沢《たく》風《ふう》大《たい》過《か》 ☱☴	天《てん》風《ぷう》姤《こう》 ☰☴	風《ふう》(巽《そん》) ☴
地《ち》水《すい》師《し》 ☷☵	山《さん》水《すい》蒙《もう》 ☶☵	坎《かん》為《い》水《すい》 ☵☵	風《ふう》水《すい》渙《かん》 ☴☵	雷《らい》水《すい》解《かい》 ☳☵	火《か》水《すい》未《び》済《せい》 ☲☵	沢《たく》水《すい》困《こん》 ☱☵	天《てん》水《すい》訟《しょう》 ☰☵	水《すい》(坎《かん》) ☵
地《ち》山《ざん》謙《けん》 ☷☶	艮《ご》為《い》山《さん》 ☶☶	水《すい》山《ざん》蹇《けん》 ☵☶	風《すい》山《ざん》漸《ぜん》 ☴☶	雷《らい》山《ざん》小《しょう》過《か》 ☳☶	火《か》山《ざん》旅《りょ》 ☲☶	沢《たく》山《ざん》咸《かん》 ☱☶	天《てん》山《ざん》遯《とん》 ☰☶	山《さん》(艮《ごん》) ☶
坤《こん》為《い》地《ち》 ☷☷	山《さん》地《ち》剥《はく》 ☶☷	水《すい》地《ち》比《ひ》 ☵☷	風《ふう》地《ち》観《かん》 ☴☷	雷《らい》地《ち》豫《よ》 ☳☷	火《か》地《ち》晋《しん》 ☲☷	沢《たく》地《ち》萃《かい》 ☱☷	天《てん》地《ち》否《ひ》 ☰☷	地《ち》(坤《こん》) ☷

『未斎流易』[15]より

大成卦《だいせいか》と変爻《へんこう》がわかったことになる。

変爻とは一つの爻の陰陽《いんよう》が反転することであり、それによって卦の内容が変化することをいう。

表1-3の六十四卦一覧表を見ていただきたい。六十四卦にはそれぞれに卦名がついている。例えば、乾為天は天が乾為の卦名といった形式になっている。卦名には得卦を象徴する一字あるいは二字が配当されており、得卦に卦名を加えたものを大成卦という。また、「卦辞《かじ》」は、得卦に何故その卦名がつけられているのかなど、大成卦が象徴する運勢を説明したものである。「爻辞《こうじ》」は、大成卦が今後どのように変化していくのかを知るための六つの文章のことである。

3　未斎流易断

図1-10は、未斎流《びさいりゅう》の易断の基本的な考え方を示したものである。①問い、②六十四卦、③太極的宇宙観、円が重なった部分が、④易断になる。未斎流の易の特徴として、「周易」の

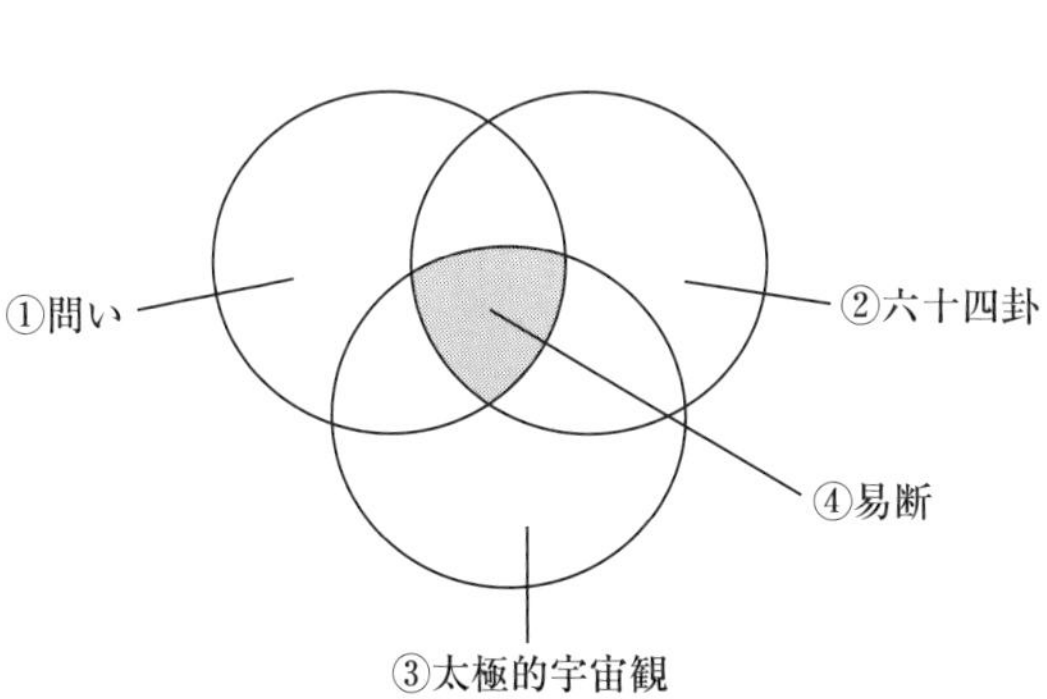

■図1-10　易断の概念図

六十四卦がすべてであり、易者が易占いによって得た卦（得卦）と、問い（問題）とを組み合わせて、太極的宇宙観の視座から易断を行う。一つの卦を分析するには、易者自身の易的な生き方によって真反対の易断が出ることもある。その意味では、易者の体験による生き方が反映され、人格が要求される厳しい世界である。

伊藤(14)は、矛盾に満ちた現世を陰陽の要素で冷静に分析し、依頼者が失意のときには、易者は依頼者を励まし、得意のときには縛《いまし》め、問題の正しい解決法を見いだす契機を提供するものであると指摘している。そのようにするには、伊藤(15)は『周易本義』の文章を用いて、易経そのものが「自分自身の得にひきくらべて、象占を読み」、「己の得を内省する書」であることを肝に銘じなければならないという。

問いは、悩みや問題を明確にして問いとして意識化することに意味がある。その問いが個人的なことであったとしても、個人の人生の流れには偶然性はなくすべてが必然であり、宇宙の法則性によって突き動かされていると思われる。六十四卦は、宇宙の法則に則った人生の流れを指し示す地図であり、指標としての役割を果たしている。それは、迷宮から脱するときのエッセンスともいえる。太極的宇宙観とは、言い換えれば易の思想のことであり、次の三点に集約されている。一つは、陰陽の二つの属性からあらゆる事物の現象が現れてくること。天と地、光と闇、男と女というように、相反する属性があり、そのバランスをとることで流れがつくられる。二つは、陰陽の流動する変化によって「天地人」の三才の道を示していること。陰陽二気の働きが、天と地と人を結びつけており、それらを合一することが易の道を生きることとつながる。三つは、「易の三義」としての変易《へんえき》、不易《ふえき》、易簡《いかん》から道を読み取る思想である。変易とは「変わりゆくこと」を意味しており、世の中の現象はすべてこの陰陽の相剋《そうこく》によって働きが起こり流れが出てくる。その段階でもまた陰陽が相剋し、次の段階へと移る。このように絶えず移りゆく変化が無限に続くという思想である。不易とは「変わらないこと」を意味しており、自然界で起こる人事を超えたあらゆる現象、人として生きていくときの価値観、道徳、親子の情など時代を超えて変化しないものである。易簡とは、易占によって得た卦の啓示をもとに、問いに対してあらゆる角度から簡明に解き明かすことをいう。陰陽は絶えず変化しているものであるが、その中に一定の不易の法則があり、それらは矛盾するものではない。「栄枯盛衰」という言葉があるように、栄えると滅亡し、盛んになれば衰えるという変化が陰陽の流れであり、またその背後にある移ろいの中にも変わらないものが脈々と流れている。このように、森羅万象が変化する要素と変化しない要素から構成されており、それを易占という方法を通して、簡明に分析することで、道筋を得ることができるのである。その意味では、すべての現象には意味があり、何かを得れば何かを失うことを理として存在しているのである。

未斎流《びさいりゅう》の易断を応用して、心的現象論に近づけるならば、得た卦の内容を、あらゆる角度から検討し、依頼者（クライエント）の連想に沿って検討を加えていくことになる。それは夢分析の方法論と類似しており、夢分析では「夢を解釈してはならない」という考え方が根本にある。言い換えれば、易者が卦を自分なりに解釈してはならない。問いと出た卦をつなぎ合わせ、クライエントの連想を重視し、セラピストの太極的宇宙観をベースにして分析していく。そのような方法で、クライエント自身が「腑《ふ》に落ちる」ことがらを通し、それらをつなぎ合わせることで、闇の中にある一筋の光が見えてくる。

4　易断の実際

ユング(12)は、ヴィルヘルム訳『易経』の序文を書くにあたって、二つの質問を易経に発している。一つ目は「序文を書くという私の意図に対して、あなたはどう思いますか」と易経を擬人化して問うている。二つ目は、一つ目に出た卦について論じたユングが自分自身の行為についての問いである。それらの問いにより出てきた卦の分析を行うことで、易経の真髄に関わる心的現象論からの興味深い内容になっている。

筆者もユングにならって易をたて、易自体が占いの領域を超えた心的現象論であるかを示す試みをしてみたい。問いは「西洋心理学が中心の日本において、筆者が行っている気の心理臨床がどのような意味をもつのか」で、占ってみよう。易をたてるとき、その結果がいつも的確なので緊張が走る。筆者は易を聖なる儀式の一つとして捉えており、筮竹《ぜいちく》を触る前に必ず手を洗うことで心身の浄化を行っている。こころを静めて筮竹を両手に持つ。そして筮竹の一本（太極）を筮筒《ぜいとう》にたて、それを眺めるのである。この一本に「易の神様が宿る」と師匠が言っていたことを思い出す。両手に持った残り四十九本の筮竹を手の中で混ぜる。その感触と音に何ともいいがたい世界が広がっていく。この筮竹の中に、問いの扉が開かれ、その道筋が見えてくるからだ。扇状に開きながら、任意の場所で二つに分けるのだが、一気に分けられるときと迷いが生じるときがある。迷いが生じるときは分ける数本の空間に意味があるように思われる。それは気の流れが動くようであり、易自体の醍醐味だろう。ユングは、「私は易経の占いなどまぐれ当りにすぎない、という考え方に対しては批判的である。私の経験した明白な的中数は、偶然による蓋然性をはるかにこえたパーセントに達しているように思われる。要するに易経において問題になっているのは偶然性ではなくて規則性であるということを、私は信じて疑わない[12]」と述べている。

　筆者の卦の結果は、下卦《げか》が地（☷）、上卦《じょうか》が山（☶）、であり、大成卦《だいせいか》は「山地剝《はく》」（䷖）、変《へん》爻《こう》は二爻目の陰陽《いんよう》が変換されたので「山水蒙《もう》」（䷃）であった。大成卦は現在の状態を見るものであり、変爻《へんこう》の卦は今後の変容や視点を変えて見るときに用いる。また、一つの卦の前後の卦、例えば、「蒙」の前の卦の「賁《ひ》」、後の卦の「復《ふく》」も流れを見る一端になる。

筆者の大成卦《だいせいか》と変爻の内容を、本田[13]の『易』のテキストを参考にし、また引用しながら以下に説明する。そして、その説明を通して、心的現象論からの易断分析を試みる。

まず大成卦の「剥」（䷖）の上卦《じょうか》の艮《ごん》が山、下卦《げか》の坤《こん》が地であり、地上に高くそびえていた山が地に剥落した卦である。剥のキーワードは、剥落、浸蝕である。

「彖《たん》に曰く、剥は、剥なり。柔剛を変ずるなり。往くところあるに利あらざるは、小人長ずるなり。順にしてこれに止まる、象を観ればなり。君主は消息盈虚《しょうそくえいきょ》を尚《たっと》ぶ。天の行なり。」

大成卦の「剥」とは刀で削るという字であり、「剥落」という、はげおちる、はがれおちるという意味がある。下から陰爻が五つ続いており、陽爻が一つしかなく、陰の勢力は甚だしく大きく、ただ一つの陽に陰が迫っている卦である。柔（＝陰）が盛んになり剛（＝陽）が衰えるときであり、小人（＝陰）の勢いが強いときであり、往くところに不利があり、時勢に順応して止まることも必要である。それは象を観察すればわかることである。君子は、衰えると盛んになり、転じて、栄えたり衰えたりする道理があることを知り、行動することが天の道に沿った生き方である。これが「剥」の意味であると本田[13]はいう。

この卦を得て、最初に連想したことは、現在の日本と中国との政治的な険悪な状況である。このような状況が日本人にとって中国人や中国文化に対する否定的な感情を喚起させているのは事実であろう。以前日本では気功や太極拳の盛んだった時期があり、その時期と比較すれば、衰退しているといえる。それはブームが去ったとも定着したとも考えられる。心理臨床分野は現在、医療、教育、福祉、司法など様々な領域で要望され、子育て支援、高齢者支援、エイズ患者支援など幅広く活動領域が増え、現場での対応に追われている。財団法人臨床心理士資格認定協会が発足し十七年が過ぎ、臨床心理系の大学院も全国で百四十校を超え、国家資格になる動きもあり、ずいぶん発展してきた。また、西洋から輸入されてくる、様々な有効なセラピーがあり、西洋の方法論が中心になっている。そのような状況にあって、この卦の意味することは、東洋思想や「気」をキーワードに行う心理臨床は時期尚早であり、時勢が味方をしていないことになる。東洋的な視座が必要であるといっても、耳を傾けてもらえるほど機が熟していないと、卦は語っている。

しかし、希望はある。河合は、心理療法において、「こころのことが問題なのだから身体のことを考える必要がない。このような考えは、あまりにも単純過ぎて実際とはそぐわない[16]」として、心身相関の視点からの関わりと、その奥に潜む魂へと至る心理療法の重要性を論じているからだ。臨床の場で、クライエントはこころの悩みを語ると共に、様々な身体症状を訴える。臨床家なら、誰もが身体の症状の訴えは姿を変えたこころの有りようだと経験的に知っている。東洋思想には、自然の中に人が存在し、人の中に自然が存在するという「天人相関《てんじんそうかん》」の考え方や、こころと身体は一つであるという「心身一如《しんしんいちにょ》」の視座がある。筆者はこのような東洋の世界観から、西洋近代の二元論を超える新たな心理臨床を見いだすことの必要性を痛感している一人である。

剥の次の卦は「復」(䷗)であり、陽が初爻に来ている。物が尽きることがあってはならず、陰から陽へと反転する。陽気はすでに坤の下に生じており、陽が一旦去って戻ってくる。先に剥落した君子の道が再び亨《とお》るという卦である。陽が下に動き、道理に従って順に昇っていく。その意味では、陰の極みから陽に転じていき、危うかったものが安定へという流れが示されている。この卦も流れを読み解く一つの鍵になる。

次に、変爻《へんこう》で出た卦は「蒙《もう》」(䷃)であり、近未来を表す。上卦《じょうか》が艮《ごん》で山であり、止まるという意味であり、下卦《げか》が坎《かん》で水あるいは険を示しており、山の下に蒙(くらい)場所がある卦である。蒙のキーワードは、おろか者、啓蒙、教育を意味している。

「彖に曰く、蒙は、山の下に険あり。険にして止まるは蒙なり。蒙亨るは、亨るを以って行きて、時に中するなり。我童蒙を求むるにあらず、童蒙来たりて我に求む、志し応ずるなり。初筮は告ぐ、剛中を以てなり。再三すれば瀆《けが》る。瀆るれば告げず、蒙を瀆すなり。蒙は以て正を養う、聖の功なり。」

卦の象としての「蒙」は山の下に暗い洞窟のような危険な場所がある。外に進むことができないのは、上卦が止まるという意味である。それゆえ、蒙《おろか》なものを示しているという。

ここで易経の用語として、陰爻を「六」、陽爻を「九」と称することを説明しておきたい。「蒙」の（䷃）の象は、下から初爻の陰は「初六」、二爻の陽は「九二」、三爻の陰は「六三」、四爻の陰は「六四」、五爻の陰は「六五」、上爻《じょうこう》の陽は「上九」と読み取っていくのである。

下卦（☵）は陰―陽―陰となっており、「九二」の陽は下卦の主であり剛（陽）の性をもって「中」におり、「六五」の陰（上卦の中）と対応する。これは人の蒙を啓《ひら》く力があるといわれている。「九二」が「六五」の蒙を啓くには、亨《とお》るべき道を以て前進し、しかもその時々の中庸を得るからである。愚かな「六五」が賢明な「九二」を求めるのが理にかなっていることを表している。我とは「九二」を、童蒙《どうもう》は「六五」を示している。「我童蒙《どうもう》を求むるにあらず」以下は、占筮のことについて述べているという。本田は教育の道として見ることが可能だとして、「筮者である自分（九二）から出向いて幼い者（六五）に教えようとするのではない。当然、幼い者（六五）の方から自分（九二）に教えを請いに来るのである」[13]という。最初の易占は、剛中（九二―陽（剛）が真ん中）がすでにある。その意味では中庸を得ている。再三易占をすれば、告げるものが瀆《けが》れるだけではなく、問う側も瀆れる。蒙を啓く道は、貞《ただ》しくなくてはならない。それでもって聖人となるべき仕事であると、本田は説明している。

生まれたばかりの事象は未熟で愚かなことが多い。筆者が提唱している「気の心理臨床」も、過去十数年心理臨床の場で実践してきたことをまとめる作業を行っている。その意味でも生まれたばかりで、まだまだ未熟なものといえる。「気の心理臨床」が成熟していくのには時間がかかる。筆者の役割は最初の一歩を踏み出すことであるが、今後、時代精神が要求しなければ、一歩で終わるであろう。それも「気」に興味をもち実践する次世代の臨床家たちが現れなければ進化はしない。亨《とお》るべき道をもって前進するということを考えると「啓蒙」する意味が読みとれる。現在の心理臨床の領域で、東洋思想、東洋医学、気などのキーワードで実践と研究を行っている臨床家は、筆者が知る限り日本では数名しかいないのが現状である。彼らと共に次世代を育成する教育が必要ということであろうか。その意味でも、「蒙《もう》」という卦が変爻《へんこう》で出ても何ら不思議なことはない。それも、教育の仕方は自らが人を集めるのではなく、気に興味を持ち集まってきた人たちを教育すべきとこの卦は説く。かなり地道な作業である。

筆者は「西洋心理学が中心の日本において、筆者が行っている気の心理臨床がどのような意味をもつのか」の問いで占った。易学の専門家ではない筆者が自らの命題を自らが占うということであるため、主観に過ぎるという批判は免れない。しかし、大成卦《だいせいか》と変爻の易断分析の結果をみれば、いかに未熟な技量でも『易経』が天地道理を貫く地図であるかが、少しでも理解してもらえたのではないだろうか。

第二章　東洋医学における気の意味

一　東洋医学の視座

1　東洋医学とは

東洋医学とは、広義の意味ではアジアを中心に発達した伝承医学のことである。その中には、中国の中国医学、チベットのチベット医学、インドのアーユルベーダー医学、イスラム圏のユナーニ医学などがある。狭義の意味での東洋医学は中国の伝承医学のことをいう。日本においては、六世紀頃に、仏教伝来と同時期に中国の伝承医学も伝来した。江戸時代、オランダ医学を「蘭方」と称したのに対して、中国から伝来した医学を「漢方」と呼ぶようになった。この漢方は、時代を経ることにより、日本独特の医学として変化しながら成立していった。しかし、明治初頭に国家政策により、西洋の近代医学を正規の医学として取り入れたために、日本漢方は一時、医療の世界から姿を消すという歴史がある。

一九七六年に漢方薬が健康保険適応されたことを契機に、漢方を中心とした東洋医学が日本では見直されるようになった。

東洋医学の根本には、古代中国の思想である老荘思想や易経などの概念があり、その奥は、気と陰陽五行説に基づいている（第一章参照）。医学大系としては、後漢（二五～二二〇）にまとめられた三大古典があり、身体の生理観、疾病観、診断法、治療論が記された『黄帝内経《こうていだいけい》（素門《そもん》・霊枢《れいすう》）』、三六五種類の薬草の効能が記された『神農本草経《しんのうほんぞうきょう》』、様々な疾病と薬の応用が記された『傷寒雑病論《しょうかんざつびょうろん》』があり、それらには東洋の自然観と生命観が貫かれている。これらの三大古典の充実ぶりはすばらしく、紀元前一七〇〇年頃の殷王朝時代から約二千年間の年月をかけて次第に中国独自の医学大系が整えられていった。この三大古典を基礎に、現代の東洋医学は時代の変遷とともに発展してきた。世界に類を見ない緻密な医学大系として、悠久の時を超えた知恵と知識の伝承がそこにはある。

2 東洋医学と西洋医学の違い

では、近代の西洋医学と伝統的な東洋医学ではどのような違いがあるのか両者を比較することで、東洋医学の特徴を明らかにしよう。水島[1]は表2-1を示し、両者の比較を行っている。表2-1を参考にして、筆者なりに東洋医学と西洋医学の差違を整理してみよう。両者の視点の違いは、前者は「全体的」であり後者は「部分的」である。東洋医学では、自然の中に人が存在し、人の中に自然が存在しているという考え方があり、自然と共存している身体を問題にしている。それは陰陽論と五行論を基本にした考えの上にたっている。また、こころと身体が一つであるという「心身一如《しんしんいちにょ》」

の整体観がある。西洋医学は、心身二元論の考え方に立ち、あくまでも身体とこころは二分化され、部分に注目をする。この両者の基本的な違いは大きい。

その基本的な視点の違いが、身体に対する見方に影響しており、東洋医学では、臓腑に異常があったとしても、身体に流れる「気血水」という物質がどのように働き、影響を与えているかを問題にしている。また、こころの有りようも、気血水で結ばれた身体の一部の現れとして切り離すことはしない。西洋医学では、臓器の器質的な異常を病気と見なし、「病理学」の視点から捉えている。このような差違が治療の目的に影響を与え、西洋医学では「疾病の原因」を探求するのに対して、東洋医学では「自然治癒力」に力点をおいている。診断に関しても、例えば、西洋医学では、胃潰瘍といった固定された診断名がつくが、東洋医学では、胃潰瘍の病因と状態から「証」を把握して治療を行う。

■表2-1　漢方医学と現代医学

	漢方医学	現代医学
視　点	全体的・巨視的	部分的・微視的
原　点	治療学	病理学
要　素	気血水	組織→細胞→遺伝子
診　断	証（流動的）	病名（固定的）
治療の考え方	証の把握＝治療	原因究明→治療法の選択→治療
治療の主眼	自然治癒力の消長	疾病の原因

「漢方医学からみた心と身体の健康」[(1)]より

寺澤は、「証とは患者が現時点で現している症状を気血水、陰陽・虚実・寒熱・表裏、五臓《ごぞう》、六病位などの基本概念をとおして認識し、さらに病態の特異性を示す症候をとらえた結果を総合して得られる診断であり、治療の指示である」[(2)]と定義し、証は診断の物差しであると述べている。

東洋医学の臨床の場では、西洋医学の治療を受けて納得しなかったクライエントの受診が多いといわれている。例えば、不定愁訴など、検査をしても数値上ではどこも問題がないといわれたというような場合である。しかし、クライエントは自覚症状があり困っている場合が多い。また東洋医学では、後に述べるが、心理面を重視しているのが特徴である。それは心身一如《しんしんいちにょ》の視点が原点にあり、「病は気から」という言葉からもわかるように、気（エネルギー、物質、情報）の有りようを重視しているのである。

二　気が流れる身体

1　見えない身体（微細身）

現代人である私たちは身体について考えるとき、やはり西洋医学の視点から考えるのが一般的であろう。それは、現在の医療制度が西洋医学を中心に考えられているからである。西洋近代の医学は、身体を解剖学的に部分としての臓器に焦点をあて、「見える身体（粗大身）」として捉える視点である。東洋医学では、臓器そのものよりも、それらを働かす気の流れによって機能する「見えない身体（微細身）」を重視している。中国では「身体を開いて見た場合でもその身体にそそがれるまなざしがまったく異なっていた」と石田(3)は述べている。その眼差しとは、臓腑の役割はあくまでも気血水が滞りなく流れる調節機能が中心であり、気血水の流れによって機能する身体を中国では重視していたからだ。

図2-1は明時代の『鍼灸《しんきゅう》　聚英《しゅうえい》』に記された「五臓六腑之図《ごぞうろっぷのず》」である解剖図と経絡を示した正面・側面・背面の「流注図」が

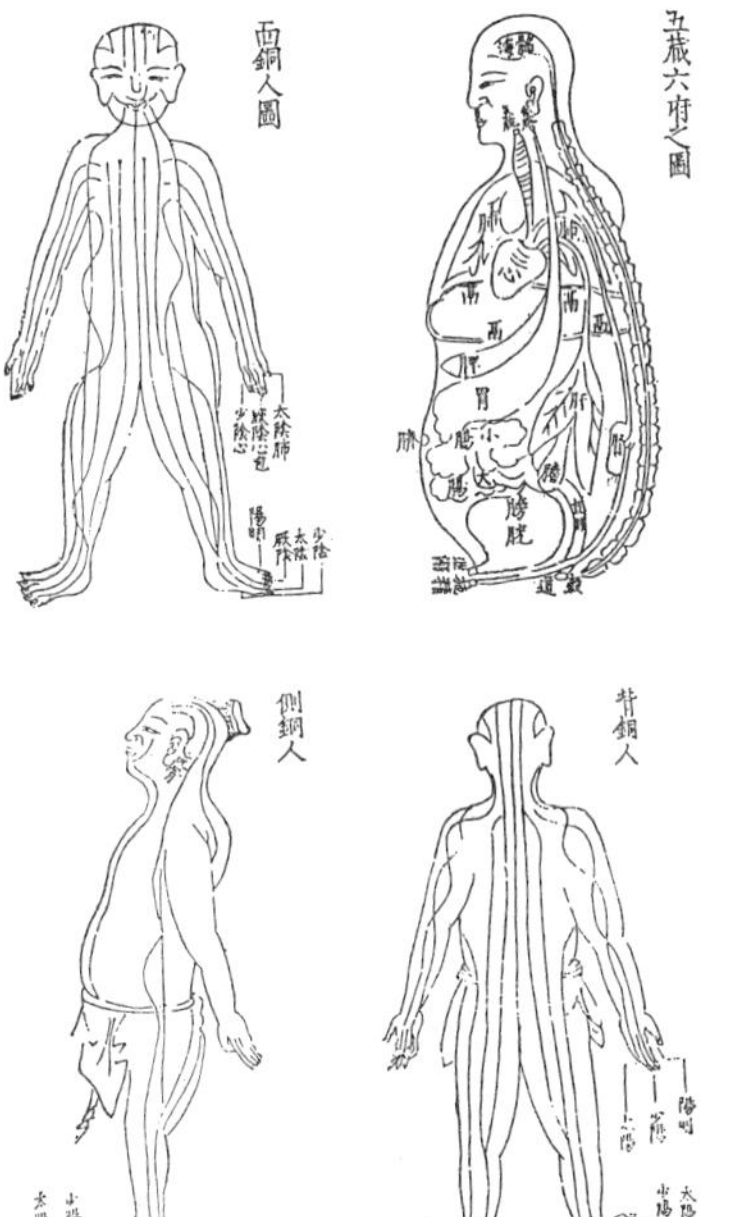

『気流れる身体』(3)より

■図2-1　五臓六腑図《ごぞうろっぷず》と銅人流注図

気の流れを中心に描かれている。解剖図が側面図一つだけであり、経絡を三方向から描き、一つ一つの脈について細かなネットワークを描いている点については、臓器の機能よりも気血の流れを重要視していたことがうかがえる。(3)(5)

五臓六腑《ごぞうろっぷ》の生理や解剖学的位置づけが西洋医学の臓器の働きと大きく異なっていることはいうまでもない。五臓とは肝、心、脾、肺、腎のことで、六腑とは胆、小腸、胃、大腸、膀胱、三焦《さんしょう》のことをいう。この五臓六腑も五行理論に対応して考えられている。第一章の五行論の表1-1（一一ページ）を参照していただきたい。次に五臓六腑の働きについて述べる。

(1) 五　臓

肝は内分泌、自律神経機能と関係が深く、精神活動をつかさどり、剛強で気持ちよくのびやかであることを好む。この機能が低下すると、ボンヤリしたり無気力で落ち込みやすくなり、亢進するとすぐに興奮したり、怒りっぽくなったりする。また肝には、余分な血液を貯蔵したり、全身の血の循環を調節したりする働きがある。この機能に異常が生じると、出血、不整脈、めまいなどが起こり、瘀血《おけつ》といわれる血の欝滞や女性の月経障害が起こりやすい。

「心《しん》は神をつかさどる」といわれ、聡明さや英知などの高次の精神活動をつかさどる。すべての生命活動の中心となる。心に異常が生じると不安や恐怖感が強くなり、夢が多くなり不眠がちになる。心臓の心拍作用や脈管内の血液が循行し、体のすみずみにまでエネルギーや栄養が行きわたる作用を制御する。心に異常が生じると四肢が冷えたり顔色が悪くなったり不整脈が現れたりする。また心の異常は舌に現れやすい。

脾は「後天の気」といわれる。口から入った飲食物からの地の気は胃を経て消化吸収され精微物質として脾に入る。それらの精気を全身に運び筋肉や皮膚に力を与える。また消化管内の水分の代謝も調整するため、異常が生じると体に水分が溜まり、浮腫や炎症の原因にもなる。異常は口唇に現れやすい。

「肺は気をつかさどる」といわれ、呼吸によって天の気（精気）を吸収し、濁気を排泄する。肺からの気は水分代謝を調節し、余分な水を汗や尿として排泄する働きがある。また肺からの気は皮膚を包み込むように全身に巡ってから腎に収められる。また暑さ寒さに対して温度調節を行ったり、侵入を阻止するなどの免疫力を強めることにも働く。

腎は「先天の本《ほん》」といわれ、生まれもっての生命力の強さは腎に由来している。生命活動に必要な精気を貯蔵し各臓器の要求に従って随時供給し全身に精力を与えて、粘り強さや根気を生み出す。そして、成長発育を調整し体や骨を整え、月経や生殖機能を統御する。これらのエネルギーを「命門の火」という。骨の一部である歯や歯肉とも関係している。また、脳の機能とも関係しているので、腎が障害されると、めまい、痴呆などを引き起こす原因ともなる。腎は尿の排泄をつかさどり、これらを通して、水の輸送、排泄、供給などをして、水液のバランスを行っている。

(2) 六　腑

胆は胆汁を貯蔵する腑であり、排泄する機能をもち、胆嚢と同じ働きをしている。また「胆がすわる」といわれるように、心理的には判断力、決断力、行動力などの決定する領域と関わっている。この胆は肝と関係が深くリンクしている。

小腸は胃で消化された飲食物を受け、栄養分は脾に送り、その残りかすの水分は膀胱へ、固形物は大腸へ送る働きをしている。「心」に深い腑とされており、心に熱が生じれば、水に影響を与え、腹部や膀胱に障害が生じる。

胃は飲食物を受け入れる大きな器であり、消化させる役割があり、消化したものを腸に降ろしていく。脾との関係が深く、互いに協力し合って、消化吸収という働きを行う。どちらかの作業に支障をきたすとお互いが影響を受ける。

大腸は小腸から送り出された食物の残留を引き受け、体外に排泄する役割がある。「肺」と関係が深く、肺の異常により、下痢や便秘などの症状が生じる。

膀胱は小腸から送られてきた水分を貯蔵し、腎気の力で水分を体外に排出する腑である。「腎」との関係が深く、腎に障害が生じると頻尿などの症状が起こってくる。

三焦《さんしょう》とは、実際にある臓腑ではなく、飲食物などからつくられた身体の水分や気血を全身に巡らせ、不用な尿や便を排泄させる水路の機能を示している。身体の部位により上焦・中焦（横隔膜より下で臍より上で中院の部位）・下焦と分けている。

2　気血水（津液《しんえき》）の流れ

気には生まれつきもちあわせた先天の気と、その後に生じる後天の気があるといわれている。先天の気は、心身の発育の基礎であり、生命活動の原動力となる。先天の気の質と量は、生まれたときから個々人によって定まっているとされている。後天の気は、呼吸によって天の気が肺に入り、飲食物によって地の気が消化吸収されて、身体の中に入り、成長と共に育まれていく。気は体内を絶え間なく巡り、血や水が身体の隅々まで行きわたるのを助け、成長や代謝を促したり、邪気が進入しないように身体を守る。また、五臓六腑を経由して全身に行きわたりそれぞれの内臓活動の推進力となる。気血水の働きについて、山田ら(6)の『図説 東洋医学』の漢方のメカニズムをもとに筆者が作成した図2-2をもとに説明する。[7]

　口から入った飲食物はまず胃で消化され小腸に入る。小腸でさらに消化され、その中から精微物質と呼ばれる栄養成分が脾に送られ、残りは大腸、膀胱へと送られ体外へ排出される。一方、脾に入った精微物質は、ここから「水穀の精気」になり肺に上がっていく。この地の気と呼吸から入ってきた天の気が混じり合うことで「真気（陽気）」がつくられる。このとき、身体に必要な水分も気と共に水蒸気のようなかたちで、脾から肺へ上がり、全身に噴水のようにまかれている。そして、身体の内外を潤す。肺に上がった水分の一部は血へと姿を変える。また余分な水は腎に下ろされ、膀胱から排出される。真気は大きく分けて三つに分かれる。一つは腎に降りていき「精気」として腎に蓄えられる。二つは皮膚表面に送られ、外邪から身を守る「衛気」となる。三つは心の働きを助け、「営気」として血が流れる先導役となり、血液と共に身体の隅々まで行きわたる。そして、心の働きで全身を巡った血や余分な血は肝に

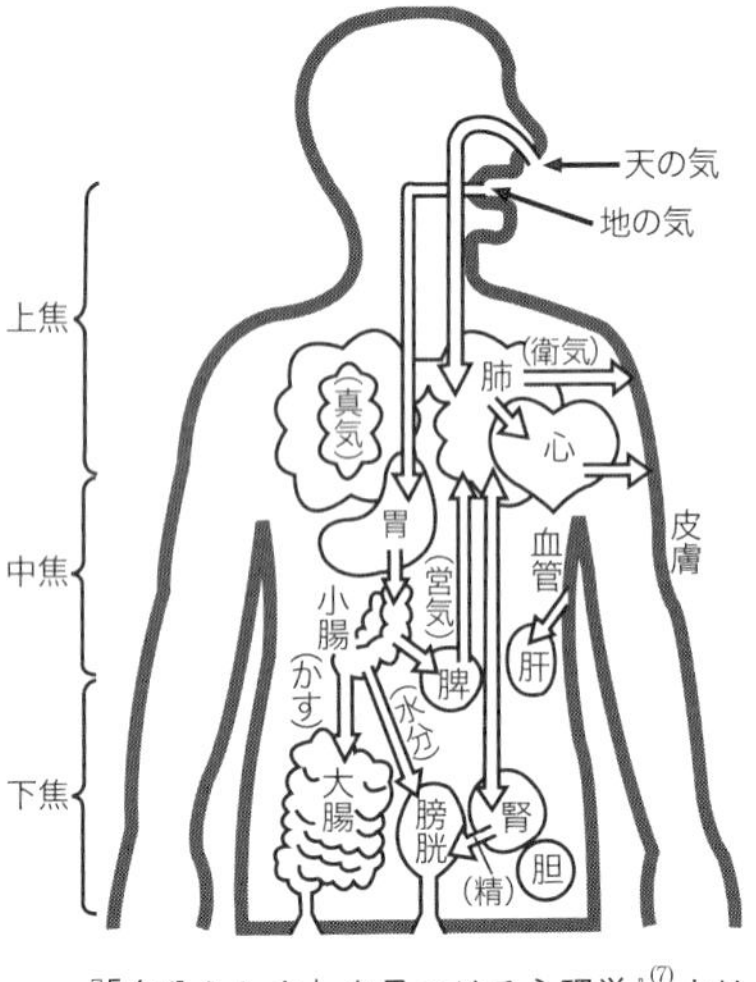

『「自分らしさ」を見つける心理学』[7]より

■図2-2　気血水の流れ

蔵《ぞう》されるのである。このように気血水がお互いに結びつき五臓六腑《ごぞうろっぷ》と関係しながら身体を巡るというのが、東洋医学独特の生理学となっている。

神戸中医学研究会(8)によると、気血水に「精」を加えたものは人体を構成する基本的な物質であり、生命活動および臓腑、経絡、組織、器官の生理的機能を維持しているという。そして、「気は機能面が主体であり、陽気ともいわれる。血・津液《しんえき》・精は物質面が主体であり、まとめて陰液と呼ばれる」という。前述したように気は人間の身体にとってなくてはならない働き（機能）として、絶え間なく流動している。気の巡りが変調をきたすと心身に映し出され、身体には五臓六腑や経絡に異常として、心理の面には感情の様々な乱れとして現れるのである。

3　気の名称と機能

東洋医学における気は、その生成によって異なった名称がつけられており、図2-3のように分類されている(8)。

先天の気は、腎精から生じるといわれ、生命の根元的なエネルギーであり、それを「元気」あるいは「原気」と称する。後天の気は、脾胃からの「水穀の気」と肺からの「清気」が混合されてつくられる。この先天の気と後天の気が合わされたものを「真気（陽気）」といい、一般的に私たちが気と称しているものである。脾胃からの水穀の気と肺からの清気が混合され、いったん胸中に集まった気を「宗気」と称する。「衛気」とは、脈管外や経絡の外を運行する気であり、三焦《さんしょう》を通して、内は臓腑、外は皮膚や筋肉に分布し、体表を外邪から守る役割をしており、営気と対比される。「営気」とは、脈管内や経絡内で働き、脈管内では血を生成し、全身を巡っている。臓腑の気として「心気」「肺気」「脾気」「肝気」「腎気」があり、各臓腑の働きをつかさどっている。

気の機能に関しては、推動作用、温煦《おんく》作用、防御作用、固摂《こせつ》作用、気化作用の五つに分類される。[8]

① 推動作用は、すべての組織・器官・臓腑・経絡の生理的活動、血管の循環、体液の代謝などを促進する。

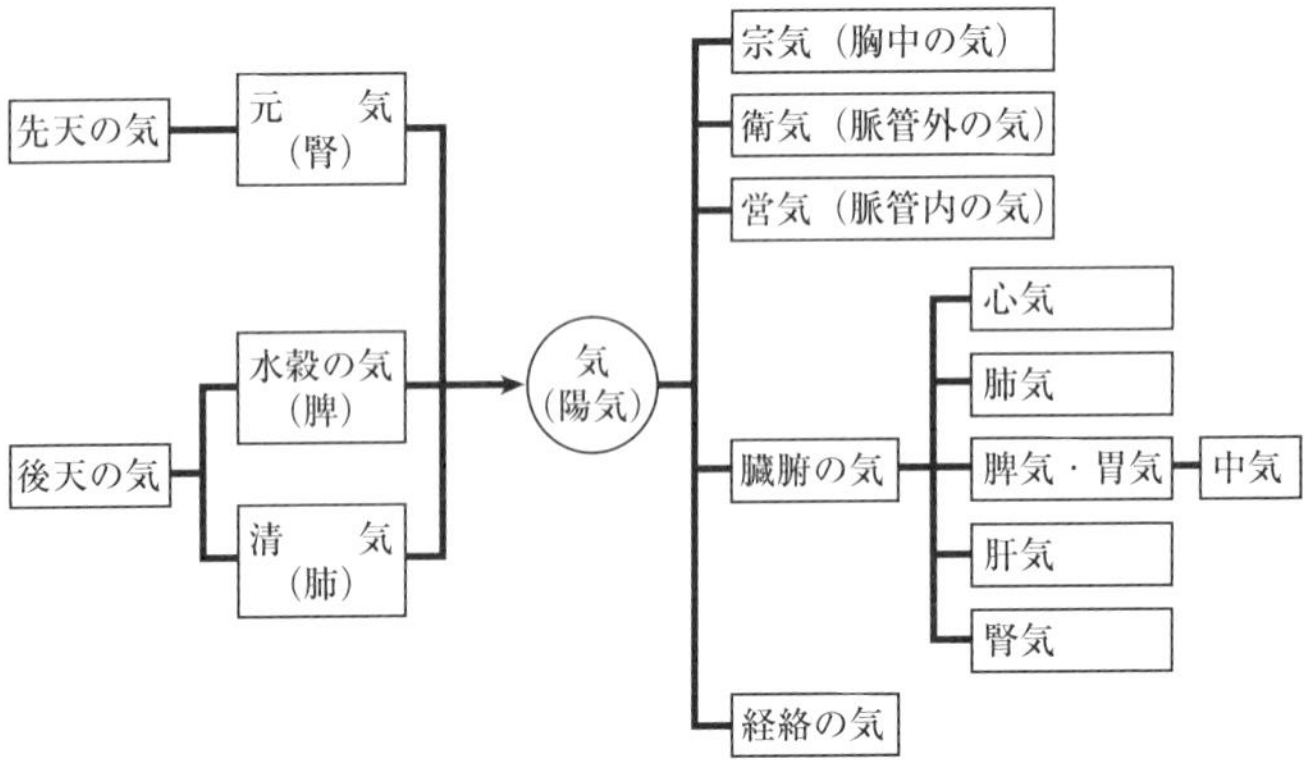

『第二版 中医学入門』[8]より

■図2-3 気の生成と名称

②　温煦作用は、エネルギーの代謝や循環機能を遂行することで、体温の維持や調節をし、臓腑を温める。主に腎気（命門の火）による作用のことをいう。

③　防御作用は、病邪の侵入を防ぎ、侵入した病邪に対して抵抗する。これは「衛気」の作用である。

④　固摂作用は、血液を漏らさない、汗や尿が排出過多にならないように留めるようにする。

⑤　気化作用は、消化吸収など全身の生理的な機能を通じて、飲食物から気・血・津液《しんえき》を生成し、全身に巡らせ、汗・尿・唾液などに変換させ排出する。

この作用の中で最も重要なのが「蒸騰《じょうとう》気化《きか》」であり、腎気の温煦作用によって津液を温め蒸気のように変化させ、体内に流動させ、気を全身に巡らすことであるといわれている。また、気の運動様式は、臓腑によって「昇・降・出・入」の違いがあり、これを「気機」と呼ぶと説明している。この「昇・降・出・入」という運動様式は、気功における気の運動様式の「昇・降・開・合」に相通じるものである。

4　「経絡」という気のネットワーク

気の流れネットワークは五臓六腑《ごぞうろっぷ》、血脈、筋肉、皮膚と全身を一つの有機体として働いている。

身体には気を循環させる通路がある。それを「経絡」と呼び、経脈と絡脈がある。経とは身体の縦（上下）を流れる太い気の流れ、絡とは横（左右）を流れる細い気の流れであり、経絡上に気のたまる点を経穴（ツボ）と呼ぶ。経絡は手足三本ずつの陰経と陽経に分かれており、十二経絡（正絡）と八本の奇経八脈から成っている。これは身体に流れる川のようなネットワークシステムとして、皮膚、筋肉、各臓器をつなぎ、全身を一つの有機体として働いている。

経絡にも陰陽があり、十二経絡の理解の仕方は、両手を上げて立ち（万歳の形）、陰経の気の流れは下から上の方向へ、陽経の気の流れは上から下へ流れるととらえればわかりやすい。手経より足経へという陽経と、足経より手経へという陰経ルートの原則があり、陽経の手の三陽経は身体の上部においては外側から内側へ、足の三陽経は身体の上部から下部へ向かう。陰経の手の三陰経は身体の上部においては内側から外側、足の三陰経は身体の下部から上部へ向かうルートを示したのが図2-4と図2-5である。[3] さらに陰陽は陽明・少陽・太陽の三陽と太陰・少陰・厥陰《けついん》の三陰に分類されている。

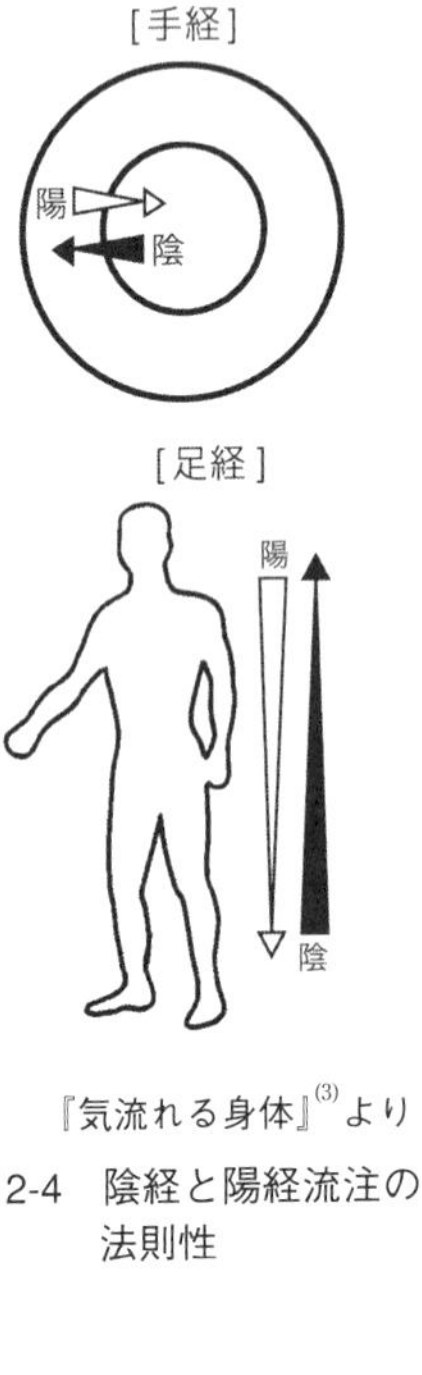

『気流れる身体』[3]より

■図2-4　陰経と陽経流注の法則性

石田[3]は、各脈の名称については、①循行開始点が手端なのか足端なのか、②陰経か陽経か、そして三陰三陽のいずれなのか、③どの臓腑と関わるのか、④体表や背中側を通るのか、それとも体内や腹部側を通るのか、⑤循行の方向、で知ることができるという。

図2-6と図2-7[9]を参照することで、十二経絡が理解できるのではないだろうか。

手の三陰には、上腹部や胸部の内側（中焦）から指先に向かう「手太陰肺経《てたいいんはいけい》」「手厥陰心包経《てけついんしんぽうけい》」「手少陰心経《てしょういんしんけい》」がある。足の三陰には、足の指先から腹部、そして胸部の内側に向かう「足太陰脾《あしたいいんひ》経《けい》」「足厥陰肝経《あしけついんかんけい》」「足少陰腎経《あししょういんじんけい》」がある。手の三陽には、手の指先から頭部へと向かう「手陽明《てようめい》大腸経《だいちょうけい》」「手少陽三焦経《てしょうようさんしょうけい》」「手太陽小腸経《てたいようしょうちょうけい》」がある。足の三陽には、頭部から足に向かう「足陽明《あしようめい》

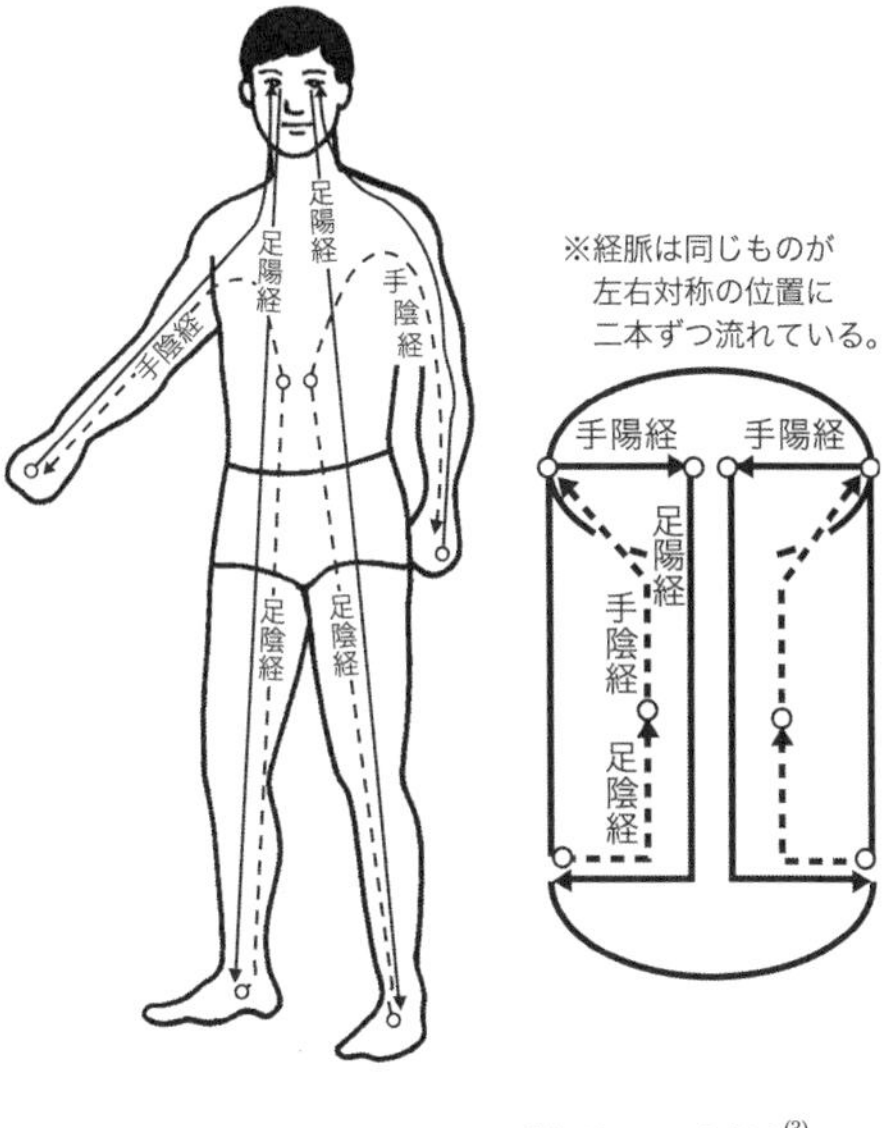

『気流れる身体』[3]より

■図2-5　手・足経脈流注の方向

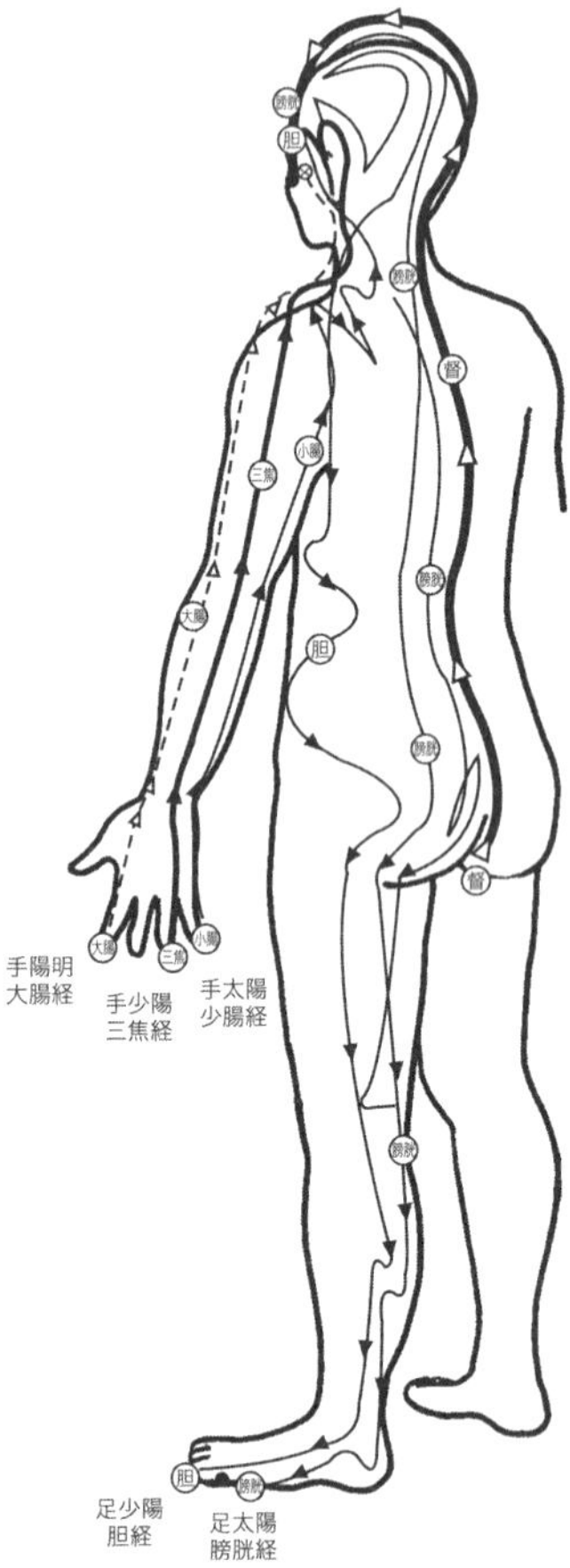

『経穴マップ』(9)より

■図2-7　手足の陽経の流注部位
（胃経を除く）

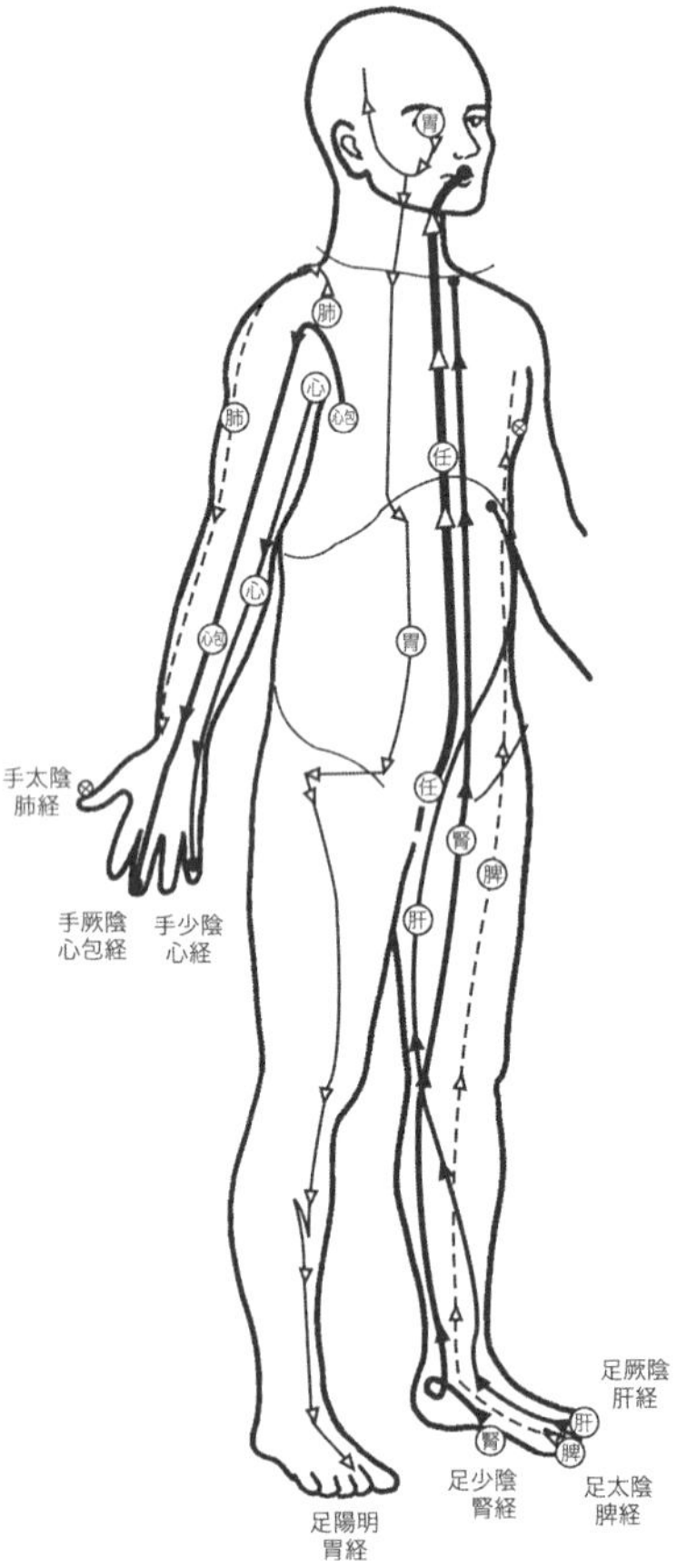

『経穴マップ』(9)より

■図2-6　手足の陰経と胃経の流注部位

胃経《いけい》」「足少陽胆経《あししょうようたんけい》」「足太陽膀胱経《あしたいようぼうこうけい》」がある。『霊枢《れいすう》』の経脈篇では、各十二経絡の流注、五臓六腑《ごぞうろっぷ》（心包を入れると六臓）との関連、その表裏としての臓腑についても述べられている。また脈診の結果に基づき、虚実に対して補寫を行う治療法も詳しく述べられている。虚実とは、邪気の勢力が大きくなるのを実としてとらえ、正気が不足した状態を虚として捉えることである。補寫とは、邪気を取る手法を「寫法《しゃほう》」といい、正気を補う方法を「補法《ほほう》」という（九三ページ）。

　気の流注に関して、肺経より始め、「肺　手の太陰の脈は、中焦に起こり」と『霊枢』経脈篇[10]に書かれている。身体内の経絡は肺経から始まり肝経に終わり、そして再び肺経に戻り循環しているといわれている。気の流れは表2-2に示した番号

■表2-2　全身を巡る気のルート

陰・裏・臓			腑・表・陽		
太陰	手	肺（1）→	（2）大腸	手	陽明
	足	脾（4）←	（3）胃	足	
少陰	手	心（5）→	（6）小腸	手	太陽
	足	腎（8）←	（7）膀胱	足	
厥陰	手	心包（9）→	（10）三焦	手	少陽
	足	肝（12）←	（11）胆	足	

『「気」で観る人体』[11]より

順に全身を巡っている。[11] (1)の肺経から始まり(12)の肝経に終わり、(1)の肺経に戻り、身体内でこのように流注しているのである。

山田ら[6]は、奇経八脈について、十二経脈の間を縦横に走り、交差して、経絡の間の連係をさらに密接にすると共に、十二経脈を流れる気血を調節し、経脈中の気血が旺盛になれば、奇経に注がれ蓄えられ、不足すれば奇経から補充されるというように、十二経脈を大河に、奇経を湖に例えている。奇経八脈には、「任脈」「督脈」「衝脈」「帯脈」「陰維《いんい》脈」「陽維《ようい》脈」「陰蹻《いんきょう》脈」「陽蹻《ようきょう》脈」がある。奇経の出発点は様々であり、手経・足経の区別もなく、流れの方向は帯脈を除けば上向きになっている。[3]

東洋医学では、このような経絡上での気の流れで形成された微細身が重要である。また、これらの気のネットワークは身体内に留まることなく、外界ともつながっており、広義の気としての働きがある。『素問《そもん》』の「生気通天論篇」では、天人相応に関して、「人間は自然界からかけ離れて生活することはできないこと、人間と自然界との関係は非常に密接なものである」と述べている。[12] このように、天地ともつながった身体を問題にしてきたのである。

三　気はこころ

1「七情」はこころの働き

東洋医学では、病の原因を内因、外因、不内外因の三因から診ている。内因とは、怒、喜、思、憂、恐（五志）に悲、驚を加えた感情のことであり、これらを「七情」といい、心理臨床に関わる領域のことである。外因とは、寒、暑、燥、湿、風、火の「六気」のことで、これら自然界の環境要因の過多や不足が心身に影響を及ぼしている。「不内外因」とは習慣的要因となる飲食や生活態度などの不摂生や不規則な生活のことで、外因や内因でもない病因のことをいう。それらが過度になり長期に及んだり、素体が虚弱であった場合は影響を過度に受けて、病気が起こる原因となる。このように病の原因をホリスティック（全体的、統合的）な視点から捉えている。

心理臨床と深い関わりのあるこの七情は、五臓と関連しており、気が虚《きょ》したり滞ったりすることで、身体の症状と思考や感情の偏りが現れる。精神状態が不安定になるときは、特に気持ちをのびやかにする「肝」と高次の精神活動を主《つかさど》る「心」への影響は大きい。肝は気を巡らせ感情をのびやかにする臓であり、障害されるとイライラしたり怒りやすくなったりする。また心は「神明を主る」

といわれ、高次の精神活動を調節する臓であり、障害されると不眠、驚きやすさ、不安をもたらす原因となる。例えば、親から虐待を受け、幼い頃から「おまえはダメなやつだ」と言われ受容されなければ、七情が過剰に反応し、気の流れを乱していく。そうすると、肝気の巡りが悪くなりうっ血（肝気うっ血）する。そして、気が固まることで神を主《つかさど》る心が虚《きょ》してショボンと落ち込み無気力となり（心脾両虚）、一方では興奮して怒りが舞い上がる（心火上炎）こともある。また、眠れない（心腎不交）など不定愁訴として身体化される。このような七情に起因したこころの有り様が、身体内の気血水を動かし、それぞれの臓腑機能に反映した気の状態が現れてくる。

山田ら(6)は、七情と気の状態を、喜べばウキウキして気がゆるみ、怒ればカッとなり気は上昇し、憂えばモンモンとして気が縮み、思えばこだわることで気が固まり、悲しめば生きる力がうせ気は消えていき、恐れれば腰がぬけ気は降下し、驚けば動揺して気は乱れると説明している。これら七情を五行理論に当てはめ五臓に配

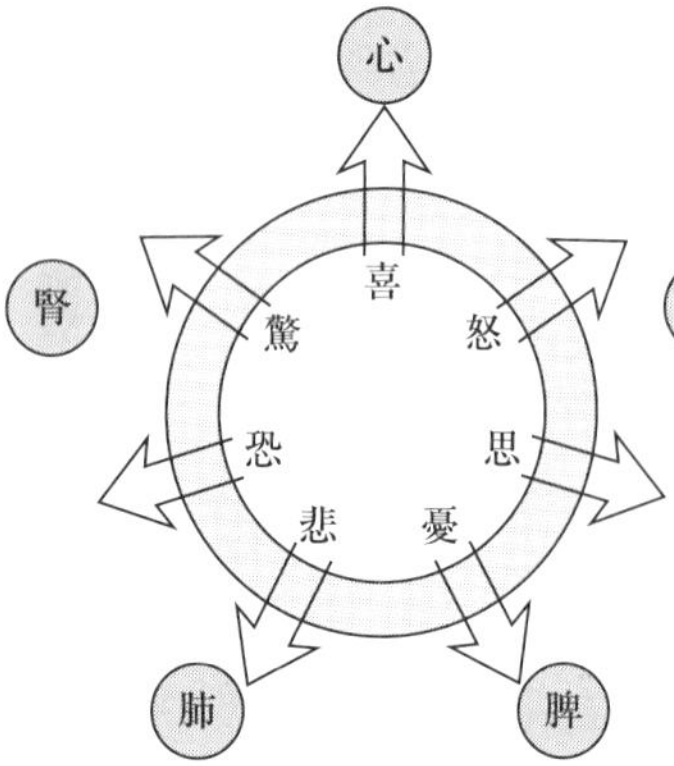

『図説 東洋医学』(6)より

■図2-8　七情と五臓《ごぞう》の関係

当すると、図2-8になり、心の気は喜び、肺の気は悲しみ、肝の気は怒り、脾の気は思い、腎の気は恐れと対応している。これらの感情が過度に働くとそれぞれの臓を傷つけるといった関係がそこにはある。

2　心身に流れる「こころ」

こころの有りようを表す言葉として、七情の他に「神《しん》」「魂《こん》」「魄《ぱく》」「意《い》」「志《し》」がある。これらも五行理論に当てはめて五臓に関係づけられている。『素問』の宣明五気篇では「五蔵の蔵《ぞう》する所。心は神を蔵す。肺は魄を蔵す。肝は魂を蔵す。脾は意を蔵す。腎は志を蔵す。是れを五蔵の蔵する所と謂う[12]」。また『霊枢《れいすう》』の本神篇によると、心は脈を運行し、神はこの脈を運行する力によっている。肺は気を蔵し、魄はこの気によっている。肝は血を蔵し、魂はこの血によっている。脾は営を蔵し、意は食物の栄養分であるこの営によっている。腎は精を蔵し、志はこの精によっていると書かれており、心―脈―神、肺―気―魄、肝―血―魂、脾―営―意、腎―精―志という関連性が述べられている[13]。このように、神、魂、魄、意、志は五臓と関係しており、また脈、気、血、営、精として流れ五臓に宿るものとしてとらえている。このことは石田も言及しており、「人の身体の中で、こころが具体的にどのように現れ、人の行動にどのように関わるのかを、いわば生理的根拠のうえから探っていくこと」が重要だと論じている。[3]

石田[3][4]は図2-9を示し、次のように説明している。母親（陰）と父親（陽）の「精」気が結びつき受精すると「神」が生じる。神とは、こころの志向性を決定するというよりも、全体としてのこころを代表するものとみなされている。精と神は根源的ないのちの源であり、神に随《したが》って往来するものを「魂」といい、精に随って往来するものを「魄」という。魂と魄は、こころの代表的性格の強い神に比べてより霊魂的なものだという。魂は気であり流体としての霊であり、天に戻る霊とされている。魄は形であり場としての身体の霊であり、地に戻る霊といわれている。「意」と「志」はこころの働きとして機能し、意とは思考するこころであり、志とは思考したことに対して進んでいく定まったこころであるとしている。この意と志は、全体としてのこころの働きの機能を取り出して象徴化したものであると論じている。そして、この二者の働きによって、より根元的な精と神も安定し、絶えず浮遊する

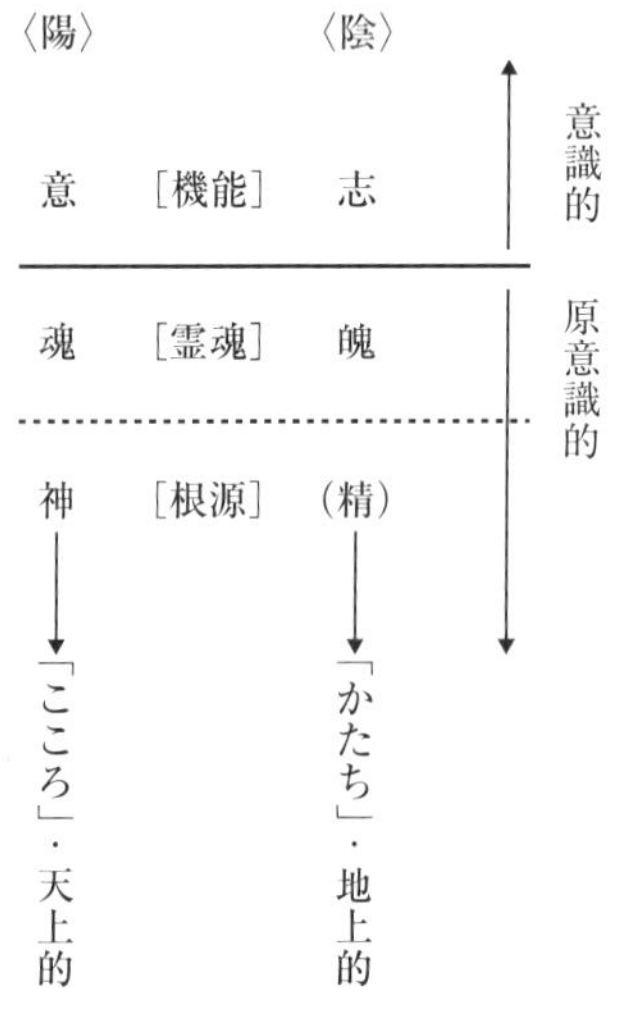

『気流れる身体』[3]より

■図2-9　東洋医学心身図

魂と魄もさまようことがなくなる。陽の系列は天上的な性格をもち、知としてのこころの性格が強い。何かについて考えるという行為は、意―魂―神と結ばれるこころの系列に属し、ある対象に向かってこころを身体化させるのは、志―魄―精と結ばれる地上的な身体の系列に属していると述べている。

四　東洋医学の治療のプロセス

東洋医学では、病気をどのような治療のプロセスで行っているのか検討してみよう。病気の状態を診断するには、望診《ぼうしん》、聞診《ぶんしん》、問診《もんしん》、切診《せっしん》の四診を用いている。この四診は伝承医学であるがゆえに、治療者側の視覚、聴覚、臭覚、触覚などの五感を用いる職人技である。

望診とは、視覚による観察のことであり、「神色《しんしょく》を診《み》る」といわれる。神色とは、顔色、表情、言語、意識状態などの精神活動の現れであり、それらの状態から病気の程度を見分けていく。また、体型では肥満型かやせ型かによって、体質なのか、食生活からくるのか、ストレスが原因なのかが分かれてくる。姿勢や動作からもクライエントの状態を観察する。特に漢方医は舌の観察をする

「舌診」を重視している。舌診は舌質と舌苔を観察している。舌質では舌全体の形、色、しまりなど、舌苔は舌質の表面に付着しているもので、色、付き方、厚さなどから、臓器の障害、病邪の種類や程度、体質や体力を診ることができる。

聞診《ぶんしん》とは、聴覚や臭覚を用いた観察のことである。聴覚では、音声の強弱、高低、なめらかさ、かすれなどに、呼吸では長さや音などに注目する。臭覚では、体臭や分泌物などから病気を考える。

問診《もんしん》とは、病気がいつ発病し、どのような経過をたどり、現在はどのよう状態であるのかを中心に聞いていく。山田ら(6)は、問診には順序があるとして、張景岳が示した十問「一に寒熱を問い、二に汗を問い、三に頭身を問い、四に便を問い、五に飲食を問い、六に胸を問い、七に聾、八に渇を弁ず、九に脈色で陰陽を弁じ、十に気味より神見を章《つまび》らかにする」を示している。このように診断に必要な身体の状態や生活状態を聞く。

切診《せっしん》とは、身体の部位に直接手で触れて診察する方法で、脈診と腹診が中心になる。脈診は、気血が運行する脈を左右の橈骨《とうこつ》動脈の拍動部位を寸、関、尺の三部に分け脈象から内臓の気を診ること。腹診は腹部を押さえて、緊張度、圧痛、寒熱などを診る方法である。心理臨床において、身体に触れることは医療行為と見なされるがゆえに切診は行うことはできないが、望診と問診は非常に大切な診断方法である。

日笠[14]は、四診を用いてクライエントの身体を観察し、詳細な問診を参考にしながら、気血水のバランスや臓腑との関連性、病邪のレベルを診ると指摘している。その方法には、原因検索、病態検索、病態に応じた処方、養生法の指導という四段階があると指摘している。第一の原因検索では、病がどのような病因によって発生したかを、病気の原因が気候や風土による「外因（六淫）」、心理的な要因（七情）としての「内因」、不摂生による「不内外因」などの三因から、「病邪弁証」を読みとる。第二の病態検索では、病気の原因がわかれば何故その病気を招き入れたのかという体質などの問題点を考え、「気血水弁証《きけつすいべんしょう》」「臓腑弁証《ぞうふべんしょう》」「八綱弁証《はっこうべんしょう》」から病態を読み解くのである。「気血水弁証《きけつすいべんしょう》」とは、気の状態を気虚、気滞、気逆など、血の状態を血虚、瘀血《おけつ》など、水の状態を不足、内停などのバランスの乱れとして診《み》る。「臓腑弁証」とは、各臓腑の生理的な特徴

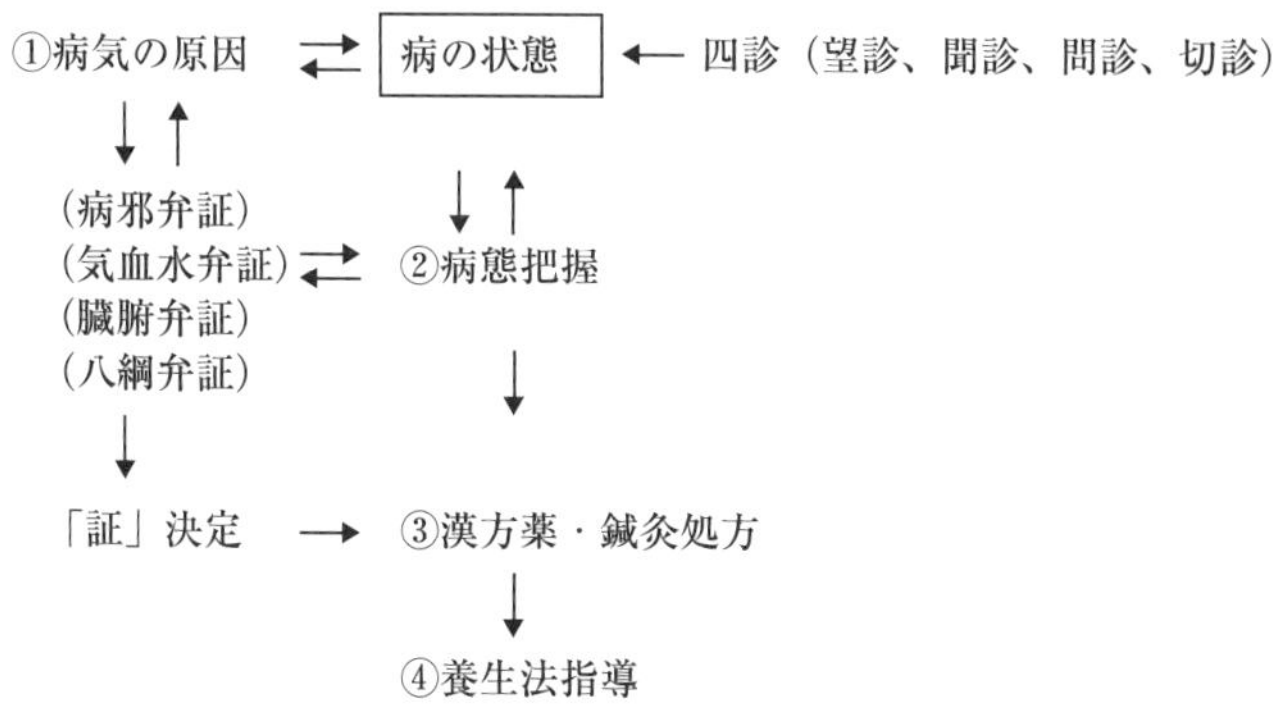

■図2-10　治療のプロセス

に基づき、障害となっているゆがみを、各臓腑の相互関係を考慮しながら診《み》る。「八綱弁証《はっこうべんしょう》」とは、「陰陽」「表裏」「寒熱」「虚実」を組み合わせ理論化したものである。病状の類型を区別する「陰陽」を陰証と陽証に分け、病変の部位を診る「表裏」、病気の性質を診る「寒熱」、病気の勢いを診る「虚実」を組み合わせて病位や病態を診る。第三の病態に応じた第一と第二から証を立て、処方では、漢方薬処方、鍼灸でのツボの選択をする。第四の体質の弱点を補う養生法の指導の四つの段階をたどり、総合的に診断治療を行うという。図2-10は、四段階の治療のプロセスを筆者が整理したものである。

例えば、カゼを引いたとしよう。西洋医学ではカゼ（感冒）はウイルス感染から生じるとされているが、東洋医学では、外因による邪の侵入によって生じるといわれている。外因についてはすでに述べたが、寒、暑、燥、湿、風、火の六気のことであり、それを「六淫」ともいい、感冒は風邪とも書かれる文字通り、「風」の「邪」ということになる。感冒の状態を病気の原因として病邪弁証で捉えると、外因の風邪《ふうじゃ》ということになり、次に病態把握をするプロセスをたどる。日笠[14]によれば、病態把握には気血水弁証《きけつすいべんしょう》、八綱弁証、臓腑弁証《ぞうふべんしょう》で「証」を決定するとのことである。風邪を中心とした外邪によって感冒は起こるとはいえ、そこに個々の体質が関与すると、風寒感冒、風熱感冒、気虚感冒、腎虚感冒、風湿感冒の五つの証に大きく分類されるという。

風寒感冒とは、外気の冷たい風にあたることで、皮膚の表面を覆っている衛気（気のベールのようなもの）が傷つけられて風邪が入り込む。寒気がして、鼻水や痰などが出て、頭痛や関節の節々の痛みが伴う症状のことである。元来冷え症であると余計にかかりやすい。このような証には、葛根湯《かっこんとう》、麻黄湯《まおうとう》の漢方薬を処方する。皮膚表面の気血の流れをよくしながら、身体を温める作用があるという。

風熱感冒は、口と鼻から侵入するとされ、悪化するのが早いのが特徴であり、元来暑がりの熱気の強い人や新陳代謝の活発な人がかかりやすいといわれている。症状は、身体が熱っぽくなり、喉の痛み、高熱、濃い痰、鼻づまりなどが起こる。漢方薬は銀翹散《ぎんぎょうさん》、桔梗湯《ききょうとう》、桔梗石膏《ききょうせっこう》を投与するという。

気虚感冒とは、少し汗をかくだけで身体が冷えたり、少し寒いだけでも背筋がゾクゾクするなど、年中カゼを引きやすい症状のことで、症状は強くないのに治りにくく、疲れなども伴いやすい。これも体表に流れる衛気の働きが弱くなっているのが原因である。漢方薬は、補中益気湯《ほちゅうえっきとう》、黄耆建中湯《おうぎけんちゅうとう》などを用いての体質改善を行うという。

腎虚感冒とは、体力低下や慢性疾患のある人は、基本的な腎の陽気が低下しており、少しの寒さでも足から冷えてカゼをひくというものである。このような証の人には麻黄附子細辛湯《まおうぶしさいしんとう》という漢方薬を用いるという。

風湿感冒とは、元来脾胃が弱い人や水分を好む人に多く、水のような鼻水や痰が多く出る傾向があり、下痢なども起こりやすい。これは身体の湿が過剰になり、風と湿が結びついたことによる症状と考えられる。このような証の人には小青竜湯《しょうせいりゅうとう》、五積散《ごしゃくさん》の漢方を処方するという。

第三章　気功における気の働き

一　気功の歴史

気功の起源については、5千年以上前のものとみられる器「舞踏紋彩陶盆《ぶとうもんさいとうぼん》」が中国青海省大通県から出土し、それに描かれた舞の様子から気功が行われていたと推測されている。[1]古代人は自然を神として、祖先を敬い、狩猟や採取で得た収穫に対する祭礼を行っていた。その祭礼時に行われる舞踏は、走り回り、飛びはね、寝転がるといった動物の動きそのものであり、その動きは「原始的な気功」だといわれている。[1]また一九七三年に発掘された前漢時代の「馬王堆《まおうたい》三号墓」の副葬品の中から、四十人余りの老若男女が運動を行っている姿を描いた「導引図」（図3-1）が出てきた。この資料により、呼吸を中心とした動作を行う鍛錬法が取り入れられていることが明らかになった。

漢の時代になると、名医の華佗が、淮南王劉安の著『淮南子《えなんじ》』

『中国気功学』[1]より

■図3-1　導引図

の中にある練功《れんこう》をヒントに「五禽戯」を編み出した。五禽とは、熊、猿、虎、鹿、鶴（鳥）のことであり、その動物の動きを五臓《ごぞう》と対応させた気功を編み出した。また宋の時代に入ると、養生に対する関心と朱子に代表される太極思想が高まり、気功を大衆化させたのである。津村[(2)]によれば、宋の時代の気功は、「導引派」「行気派」「存思派」「内丹派」の四大流派の流れが起こり、体系的な理論を結びつけ発展期を迎えたという。それらは、身体運動を通して気を動かす「八段錦《はちだんきん》」に代表される導引派、イメージ・呼吸・身体運動を結びつけて気を動かす「六字訣」に代表される行気派、体内神をイメージし一体化することで気を動かす存思派、体内にイメージを用いて金丹をつくるように気を動かす内丹派である。この頃に、現在行われている気功の形がすでに整っていたといわれている。気功は中国古来からの導引、吐納、行気、存思、内功、静座とよばれる様々な身体技法が、一九五〇年代以降に「気功」という言葉にまとめられたものである。それは、一九五七年、劉貴珍が唐山、北戴河気功養生院の医療従事者の協力のもと『気功療法実践』を編纂し出版したことから始まるという[(2)]。また中国を騒がした法輪功事件が気功の有りようを考えさせるきっかけとなり、二〇〇二年には国家体育総局が多くの気功専門家を集め、混迷している気功を整理する作業が行われた。そして、古典四大功法として、「五禽戯」「六字訣」「八段錦」「易筋経」が選ばれ、古典をもとに各流派の意見が取り入れられ、「健身気功」として新たに編纂されたのである。

二　気功の定義

劉によると、気功は「身（身体）、息（呼吸）、心（意識）を鍛錬の手段として人体の正気を養い、それによって病を除き、寿命を延ばそうとするものである。（それは）古典の理論にもとづき、このような正気を養うことを主たる目的とする自己鍛錬法[3]」であると定義している。また、「気功とは自らがこの元気を培い育む健康法であり、〈気をもって本とする〉中医学の伝統的理論の観点を充分に体現したもの」という。劉は気功を中医学理論に基づき、治療作用を、①元気を培い補って正を扶《たす》け邪を除く、②陰陽を調節する、③経絡を調え、気血を調和させる、④天人相応という全体観に立つこと、としている。

次に、馬の定義をみてみよう。「気功は病気の予防・治療と体質強化を目的とし、意識的に心理的生理的活動を調節することによって、対象とされる自己の心身失調を予防・治療するための鍛錬方法である[1]」と定義している。そして、気功の特徴を次の二点にまとめている。一点は、気功は内因に主眼をおいた整体法であり、人体の全体的な機能の改善を目指し、正気を高めるという。そして、気功を用いて治癒することができる疾病には、七情によるものが多いという。二点は、気功は自己鍛錬を強調する療法であるという。自らが実践することによってはじめて、体質を増強し、疾病を予防・治療することができる。それには本人の心構えが大切であり、主体性が問われるという。

この両者に共通する点は、気功とは中国伝承医学の理論に基づいており、「調身・調息・調心」の三調を調えることで、病気の予防・治療と体質強化につながる自己鍛錬法であるということである。また、劉に比べると、馬の定義のほうがより心理的要因である内因を重視していることがわかる。

三　気功のメカニズム

気功のシステムは、歴史的には道教、儒教、仏教などの修行体系による身体技法として発達してきた。気功を大きく分類すると、硬気功（武術気功）と軟気功（医療気功）に分けることができる。本著で取り上げるのは医療気功が中心である。

練功《れんこう》としては「動功《どうこう》」と「静功《せいこう》」に大別される。動功とは様々な肢体運動を中心に行うものであり、「動の中に静（陽の中に陰）」を求める練功である。静功とは座る、臥る、立つなどの静的姿勢で行い、「静の中に動（陰の中に陽）」を感じとる練功である。この二つの練功は、要求される形式によって功法が異なり、体内における気の働きや変動も異なっている。これらの練功は、①体勢（調身）、②呼吸（調息）、③意念（調心）を結びつけた鍛錬法が基本となっている。動功における練功では、身体を動かしながら呼吸法と意念を用いて動作をしていると、意識は次第に変性してくることがわかる。また静功における練功では、意念を中心に呼吸法を用いて身体内の微妙な気の働きを捉えることができるようになる。この両者はベクトルが異なっている。このように練功を通して、よりリラックス（放松《ほうしょう》）した状態になり、こころ（陽）と身体（陰）のバランスがとれ、自分が自然とつながっている感覚（気一元）を体得することができるのである（七七ページ）。

1　気功の基本

気功における鍛錬では、三調を調えることを目的としており、調身・調息・調心を統合しながら練功《れんこう》を行うのが基本原則である。

（1）　体勢（調身）

動功では、肢体運動は前後の屈伸、上下左右の動作、円運動などがあり、すべての動作には形がある。動作を通して、形の奥に流れる気の働きや身体感覚を獲得することが本来的な目的である。静功《せいこう》では、座る、立つ、臥るなどの静的姿勢で行われ、主に意念と呼吸を結びつけた練功《れんこう》を行う。

気を動かす基本的な概念として「昇降開合」がある。「昇降」とは、気の上昇と降下とイメージしていただきたい。第二章（五四ページ）で説明したが、怒ればカッとなり気は上昇し、恐れれば腰がぬけ気は降下する。これは感情によって起こる自然な気の働きであるが、気功では意念を用いて気のコントロールをするのである。ここで気の昇降を体験してみよう、その方法は、両足を半歩開いて自然な姿勢で立つ。そして、両手を天に向けて両腕を身体に沿って、体内の気が上がっていくイメージ（意念）を描きながら、頭部まで上げていく。頭部までくれば、両手を下に向け両腕を身体に沿って下げながら、イメージでは気を下げるのである。このように気感の上昇と降下を体感しながら動作をする。「開合」とは、昇降が上下なら、開合は左右に開くとイメージしていただきたい。その方法として、両足を半歩開いて自然な姿勢をとる。そのまま両腕をお腹のあたりまで上げる。両手に注目して、両手を開いたり（膨張）閉じたり（収縮（合））の動作を行う。このとき、両手に気のボールを持っているイメージを抱く。開くとそのボールが大きくなり、閉じるとボールが小さくなるようなイメージをもつ。このように身体の内外の気のトレーニングとして、気を上げたり下げたり、膨らませたりすぼめたりといった訓練を行う。これらのトレーニングを行っていると、気感が研ぎ澄まされてくる。中国医学ではこのような気の働きを「昇降出入」という。

(2) 呼吸（調息）

呼吸の「呼」は出る息、「吸」は入る息を意味している。呼吸法には自然呼吸と腹式呼吸がある。自然呼吸とは、自然に行い胸が起伏する呼吸のことであり、腹式呼吸とは、意識的に腹筋を用いて下腹部が起伏する呼吸のことである。腹式呼吸には、順呼吸と逆呼吸がある。順呼吸とは、息を吸えば下腹が膨張し、息を吐けば下腹が収縮する。逆呼吸とは、息を吸えば下腹が収縮し、息を吐けば下腹が膨張する。また呼吸の方法も、鼻から吸って鼻から出す「鼻吸鼻呼法」と鼻から吸って口から出す「鼻吸口呼法」がある。呼吸の訓練には様々な方法がある。呼吸は必ず吐くことから始めて吸うのであり、身体の中にある空気を吐き出し新たな空気を入れてから始めるのが基本である。呼吸はゆっくり深く自分のペースで行えばよい。このように呼吸を続けていると、自然に吐息（気）が長くなってくる。呼吸には「息の四相」があり、風相、喘相、気相、息相のことをいう。[4] 風相とは呼吸の音のことであり、息づかいが聞こえる状態、喘相とは呼吸のリズムのことで、スムーズに呼吸ができていない状態、気相とは波動のことで、不規則な状態のことであり、これらを不調の相という。息相とは、自分の呼吸が自然と一体化しており、深く長い息になり安静な状態であり、調和されたことを意味しており、呼吸法ではこの状態を目指している。

動功《どうこう》での呼吸の仕方は、基本的には両腕が身体から離れるときに息を吸い、両腕が身体に近づいてくるときに息を吐くと覚えていれば理解しやすい。

また静功《せいこう》においては、呼吸の出入りを心の中で一〜一〇まで数える「数息」という方法もある。数を数えることで意守（意識の集中）ができ、雑念を払拭することができる。また呼吸を吐ききり、あるいは吸いきったとき、一瞬息を止めるという方法もよく用いられている。

ここで呼吸を休止させる体験をしてみよう。「まず息を吐き出して、腹式呼吸で一呼吸する」、次に同じように呼吸をするのだが、吸って吐き出すときに、肛門を締めてから吐き出すようにして、「もう一度腹式呼吸をしてみる」。いかがだろう。違いが体感できただろうか。肛門を締めたときの呼吸では、吐く息とともに、体内の気感が胸から丹田《たんでん》に気が下がっていくことを感じられただろうか。このようなトレーニングを何度も繰り返すことで、気感は研ぎ澄まされる。

(3) 意念（調心）

「意念」の「意」は意識し思い描くこと、「念」は意識したことを言葉やイメージを使って思い続けることである。言い換えるならば、意識の有りようと捉えれば理解しやすい。練功《れんこう》中に動作はしているものの雑念が入っているならば、動作と意念が一致していない。また動作と共に意識が向けられているならば、動作と意念が一致している状態といえる。動作と意念が一致した状態から、自然に気の働きの中に融合していると感じられるならば、虚無の意識状態に近いといえる。例えば、両腕を肩幅に広げ、手の間に、「気のボールを持っているようにイメージしなさい」という場合、このときのイメージは「意念」と同義語である。(1)の体勢の箇所で「両手を天に向けて両腕を身体に沿って、体内の気を上げていくイメージ（意念）を描きながら、頭部まで上げる」という動作についで述べた。意念という視点からこの動作を説明すると、大地からの地の気をイメージし、足の勇泉というツボ（経穴）から地の気を、両足→両すね→両膝両大腿→腹→胸→首→顔→頭→頭頂（百会のツボ）へと部位を「意守」しながら、意念を働かすのである。意守とは、身体の特定な部位に意識を向け集中することである。例えば、「両手を下腹にあてて、丹田《たんでん》に意識を向けなさい」といえば、意守丹田《いしゅたんでん》を意味する。このように意識を身体のある部位に集中させることで、雑念を排除し、リラックスした状態をつくりやすい。

2　気功の鍛錬

筆者は過去十数年間、様々な気功の功法を体験してきたが、学んだことをすべて体得しているわけではない。その意味ではまだまだ初心者の域を脱していない。しかし、気の働きについて、筆者なりのレベルで「気の地図」を自らの身体を通して理解しているのも事実である。現在は峨眉《がび》派の気功と太極拳に興味をもち、日々練功《れんこう》に励んでいる。峨眉気功は、前宋（約八百年前）の時代に白雲禅師によってつくりだされた流派の一つで、仏教と道教の両家の流れを汲むものであり、長い間一般の人に伝えられなかったといわれている。日本では『峨眉十二桩《がびじゅうにしょう》』が出版されてはいるものの、指導者がいなかったがゆえに広がりをもたなかった。しかし、二年前に気功文化研究所所長の津村喬氏が中国峨眉丹道医薬養生学派第十四代伝人の継承者である張明亮氏を日本に招聘したことから、峨眉気功が日本に本格的に導入されたのである。

気功においては、まず準備段階の「予備式」を行い、次に練功を行う段階があり、最後には「収功」し終了する、という三段階のプロセスをたどるのが基本である。準備段階の予備式では、練功を行う準備体操と考えればよい。身体を動かすことで体内の気血を動かし、練功がしやすい状態をつくることを目的としている。こころを安静にさせ、呼吸を整わせて、身体の緊張をほぐし、心身の状態を平静に保つ準備をする段階である。次に様々な功法を行うのである。例えば、八段錦《はちだんきん》（八〇ページ）には八つの動作（形（式））、五禽戯には五つの動物の動作、易筋経には十二の動作、六字訣には六つの発声に伴う動作、峨眉法済動功《がびほうさいどうこう》は十の動作があり、各功法はそれぞれの身体の動作、呼吸、意識が気の流れと共に動くシステムになっている。練功が終われば、必ず収功を行う。収功とは、体内で活発に動いている気を収めていく作業である。意識レベルから考えてみれば、日常の意識状態から練功時の変性意識状態へと移行し、収功によって日常の意識状態に戻す作業を行うのである。

峨眉法済動功(5)の十の動作を簡単に説明しよう（図3-2）。第一式「気平正立法天地《きへいしょうりつほうてんち》」は、両足を揃えてリラックスして立ち、左足を半歩開く。第二式「両掌合十陰陽調《りょうしょうごうじゅういんようちょう》」は、両掌を合わせ合掌の形をとり、中指の指先を見て「昇―降―開―合」を九回唱える。第三式「左旋右轉和帯脈《させんこんてんわたいみゃく》」は、合掌したポーズで上半身を左右に三回ずつ動かす。第四式「前俯后仰任督通《ぜんふごぎょうにんとくつう》」は、合掌したポーズで両手を頭上に上げ、背骨を動かす。第五式「含肩縮項凝丹気《がんけんしゅうこうぎょうたんき》」は、両腕は水平に伸ばし、指は剣指をつくり、伸展させ、「スー」を黙然して吸気をする。第六式「開気舒臂周身融《かいきじょうひしゅうしんゆう》」は、第五式の動作から、一気に息を吐きながら剣指を緩める。第七式「蛇行蛹動通六脈《だこうゆうどうつうろくみゃく》」は、両腕は水平に伸ばした状態で、その両腕を蛇が動くように蛹動させる。第八式「虚歩合掌中州守《きょほがっしょうちゅうしゅうしゅ》」は、左足を半歩踏み出し、両腕は一の字から胸に抱く動作をする。第九式「翹足弓箭練昇降《とうそくきゅうせんれんしょうこう》」は、両腕を伸ばし、鳥が羽ばたくように両腕を上下させる動作を繰り返す。第十式「合掌印心神気回《がっしょういんしんしんきかい》」は、両腕を合掌のポーズにし、上半身を九〇度に曲げ、戻すときに両手を「報身印《ほうじんいん》」に変え、人差し指を

第一式「気平正立法天地」　第六式「開気舒臂周身融」
第二式「両掌合十陰陽調」　第七式「蛇行蛹動通六脈」
第三式「左旋右轉和帯脈」　第八式「虚歩合掌中州守」
第四式「前俯后仰任督通」　第九式「翹足弓箭練昇降」
第五式「含肩縮頂凝丹気」　第十式「合掌印心神気回」

■図3-2　峨眉法済動功《がびほうさいどうこう》

眉間にあてる。そして、両足を揃え立つ。

峨眉法済動功(5)の動作は、第一式から第十式まで、舞踏のように一連として流れたものであり、一つ一つの動作には細かな身体の動きがある。図で見れば、この動功《どうこう》がどのようなものなのかが、ある程度想像できるのではないだろうか。しかし、この各式の図と図の間の流れの動作を伝えることができないのが残念である。どのような功法でも、最初は動作（形）を覚えようとして意識的にならざるを得ない。意識レベルで身体を動かす状態から身体が形を覚えて動いていくまで、何度も何度も繰り返すのである。そうすることで、各式が形になり流れを伴ってくる。言い換えれば、動作に馴染んでくると、形から気の流れに従うようになるからだ。そのようになると、呼吸と意念の有りようが当然変化し、気感も変化してくる。

このような練功《れんこう》を行う際に大切なことは、「放松《ほうしょう》」と「入静《にゅうせい》」という心身の状態である。放松とはリラックスする意味であるとすでに述べた（六九ページ）。一言に「リラックスする」といっても、実際に行ってみるとかなり難しい。準備段階で、まず身体を動かし注目してみると、身体の部位が固く、気・血が滞っており緊張状態であることが次第にわかってくる。呼吸に意識をしてみても、「息の四相」で説明した風相、喘相、気相の状態であり、意識の状態も雑念が頭の中を巡っているかことに気づくであろう。いかに日常生活での様々な出来事によるストレス状態にさらされているかがわかってくる。このような緊張した心身の状態を緩めていくことが「放松」の目的であり、動功《どうこう》・静功《せいこう》の練功《れんこう》において基本に求められる心身状態のことである。放松の状態に近づけなければ、功法での練功は効果を得ることができないからである。太極拳でも同じことがいえる。筆者は太極拳の練功時に、先生から「心身を緩めて、次の動作に入るように」と今でも絶えず言われている。「緩めて動作をするのだ」と意識することで、次第に自分の心身が緩んでいるか否か体得されてくる。

放松の状態ができるようにならなければ、「入静」という状態は体得できない。入静について、馬は、「練功過程において、意念の集中によって得られる、練功者の覚醒した状態であり、外界と断絶した状況のもとに現れる、高度な安静と緊張のない快適な状態である」[1]と説明している。筆者にとっては、峨《が》眉《び》法済動功《ほうさいどうこう》の第三式「左旋右轉和帯脈」（図3-2）は入静状態に入りやすい。動作は半歩開いた体勢で立ち、両手は合掌し、胸のあたりにもってくる。目線は合掌した中指を見て、呼吸は自然呼吸を行う。その状態で腰を中心に下半身は動かさず上半身を緩やかに左右に、肘が引っ張られるようにして動かす。この動作を行うとき、意識を肘に向けると、肘が引っ張られるようなイメージ（意念）がわき起こってくる。意識的に合掌した腕を動かすのではなく、自動的に動かされているような感覚である。また周囲の雑音は全く聞こえなくなり、自分の身体が気の流れに入り込んでいく。目線は中指に投げかけており、ボーッと眺めているようで眺めていない、合掌した掌が動作と共に動いているが、動きの後に気の姿が流れていく。自分と世界が一つになったような状態を体験するのである。この功法は、奇経八脈の一つである帯脈（腰腹の間を横に巡っている脈）を柔軟強靭にすると共に、すべての経脈をつなぎ止める役割をしており、この帯脈を調整することで、任督二脈と全身の経脈の気血をなめらかに運行するのに役立つといわれている。(5)

自然の中で動功を行うと、『黄帝内経素問《こうていだいけいそもん》』宝命全形論篇で述べられている「人は天地の気を以て生じ、四時（四季）の法もて成る」(6)ことが実感されてくる。それは、身体の内外を分ける皮膚を超えて自然の外気と内気が一体化していくような感じにとらわれるからである。また、気の流れは上実下虚の気の状態から頭寒足熱の状態へと変化し、臍下丹田に気が落ち着いていることを体感できる。臍下丹田に気を感じられると、自分（小宇宙）の中心と自然（大宇宙）の中心が一つに重なるような瞬時を体感するだろう。その中心感覚体験が自分の存在をあらためて異なった次元で実感させるのである。この中心感覚体験が気功あるいは心理療法において重要な体験であることはいうまでもない。濱野(7)は、気を用いる心理療法においても中心感覚が自然にわき出てくることを目指している。それは心身の調和をはかり、自己イメージの変化とともに自然に生かされている自分に気づき、しいては安定した人格形成につながっていくからだと述べている。

3 中医伝承医学からみる「八段錦《はちだんきん》」

気功は気功師の数だけ功法があるといわれるが、その中で伝統的な八段錦を取り上げる。

気功における動作は「それぞれが対応して内臓に良い効果をもたらす(1)」といわれ、五臓六腑《ごぞうろっぷ》と経絡に影響を与えることで、心身が鍛えられる。八段錦に限らずどの功法も、リラックスした状態で行われなければならない。八段錦は第一式から第八式までの動作の流れの中に中医伝承医学からみる心身調整の効用がある。その内容を『健身気功・八段錦』(8)から引用しながら整理したことを次に説明する（図3-3）。

第一式は「両手で天を支え三焦《さんしょう》を整える」ための動作。両腕を緩やかに上げ、頭上で手を組み、斜めに突き上げ、目は手の甲を見ることで上半身が伸びる。三焦とは、前述したが六腑の一つであり、実際にある臓腑ではなく、身体の部位を上焦・中焦・下焦に分けている。伸展運動により気血の流れをよくする作用がある。

第二式は「左右に弓を開くは鷲を射るに似る」という動作。両足を開き、馬歩の形をとり、重心を落とし、左手と右手で弓を引くようにして胸を開く動作。背中の督脈と三陰三陽経などを刺激し、手の太陰肺経などの経脈の気を調節するといわれている。

第三式は「脾胃（消化器系）を整えるには片手を上げる」という動作。左の掌を上にし頭上に上げ、右手は押し下げる。上下に上肢を伸ばすことで腹部に刺激を与える。作用としては脾胃を整える。

第四式は「五労七傷は後ろを見やる」という動作。両腕を自然にたらし、頭をひねり後方に向く動作。「七傷」とは、七情の損傷を示している。気功そのものが七情に影響を与える中国医学では、心理作用を「七情」という

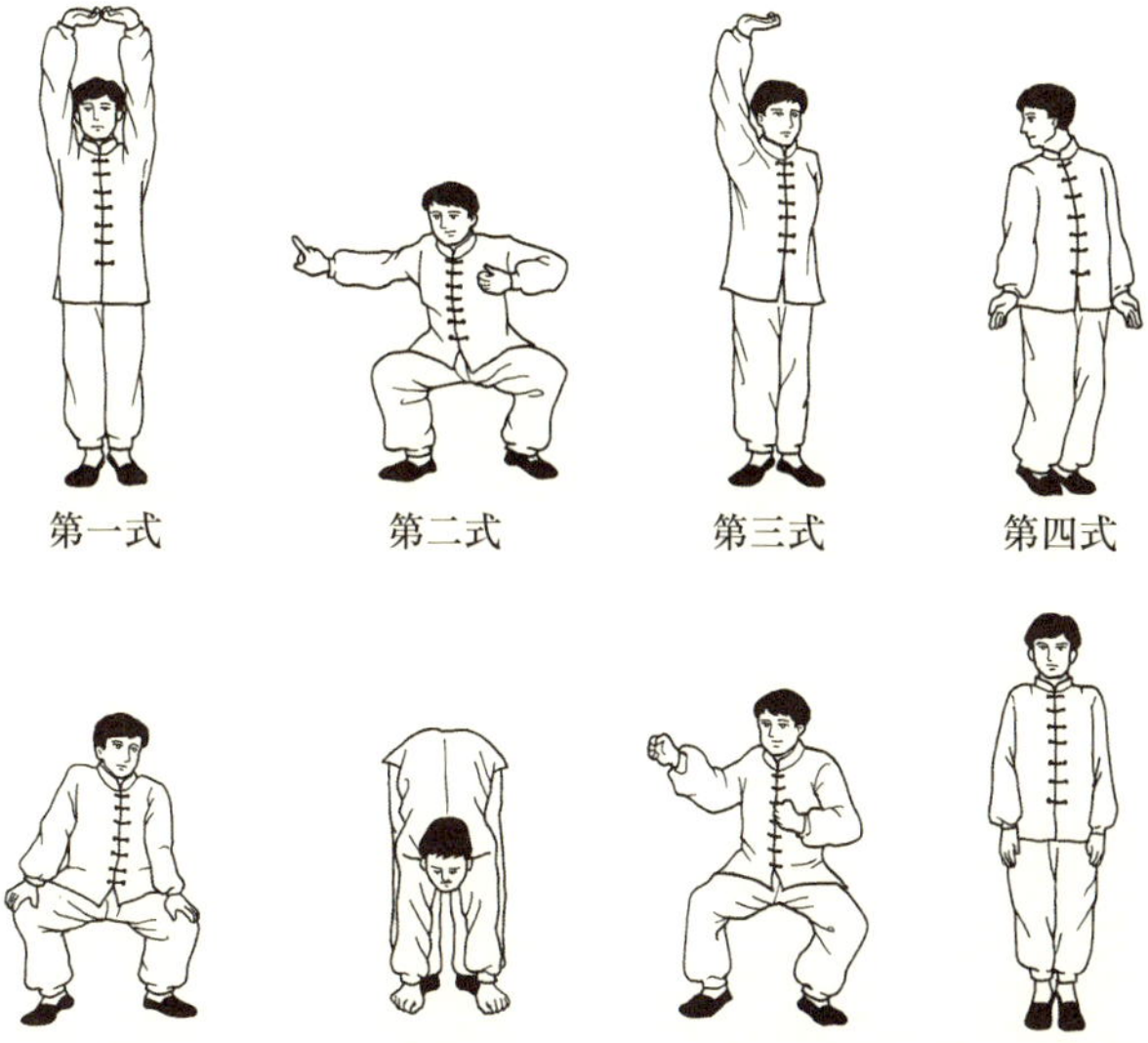

第一式	両手托天理三焦	第五式	揺頭擺尾去心火
第二式	左右開弓似射雕	第六式	両手攀足固腎腰
第三式	調理脾胃須単拳	第七式	攢拳怒目増気力
第四式	五労七傷往後瞧	第八式	背後七顛百病消

『中国気功学』(1)より

■図3-3　八段錦《はちだんきん》

概念で表している。七情とは喜、怒、憂、思、悲、恐、驚という感情表現のことであり、それらが過度になり長期に及ぶと病気が起こる原因となる。それを「内因」と呼んでいる。

第五式は「頭部と臀部を揺らし心火（体内の熱―病気の原因）を排除する」という動作。両足を大きく開き、馬歩の形をとり、半かがみの状態で上体を左右に動かす。心火といわれる体内の熱を、尾骶骨を揺らすことで脊柱や督脈を刺激し、経絡を通して排出することを行う。

第六式は「両手で足をつかみ腎と腰を強める」という動作。この動作は前屈みの屈伸運動。動作を通して、脊柱、督脈と命門、陽関、委中などの穴が刺激され、生殖泌尿器系の慢性病の予防治療を促し、腎を安定させ腰を強くさせることができる。

第七式は「拳を握り眼を怒り気力を増す」という動作。両膝を半かがみの状態で、両掌を脇腹におき、目を大きく見開いて、拳を握り片腕を突き出す。目を見開く動作により、肝経を刺激し肝気の働きをよくすることができる。

第八式は「背中を七回揺らし、諸病をなくす」動作。この動作は両足かかとを上げ、下ろし、地面を軽く振るわす。足の指は足の三陰三陽経の交わりで、足の指で地をつかむことで足の関連経絡を刺激し、臓腑の機能を調節する。同時に足の上下運動により督脈を刺激し、臓腑、経絡、気血をスムーズにし、陰陽のバランスをとるといわれている。

このように八段錦《はちだんきん》の動作は経絡と臓腑に関連づけられており、中国医学理論に基づいている。他のすべての動功《どうこう》は、経絡と臓腑に関連づけられたシステムで成り立っている。

4「放松功《ほうしょうこう》」という静功《せいこう》

静功の功法は様々な種類があるが、ここでは「放松功」を紹介する。放松とはすでに述べたが、「リラックスする」という意味がある。放松功で最も基本的な功法は「三線放松[1]」である。

この功法は、図3-4で示しているように、身体を両側と前後に分け、三本の線に沿って、頭上から足下に意念を用いてリラックスさせる方法である。第一線は左右両側、第二線は表側、第三線は裏側を示しており、第一線は、頭の両側↓首の両側↓両肩↓両上腕↓両肘↓両前腕↓両手、第二線は、顔面↓首↓胸↓腹↓両太股↓両膝↓両すね↓両足、第三線は、後頭部↓背中↓腰↓尻↓両後太股↓両ふくらはぎ↓足、の順序で弛緩させていく方法である。[1]実際に行う場合、軽く目を閉じ、このろの目で部位が緩むイメージをしながら、緩めば次に進めていくのである。はじめて試みる人にはこの方法はやりやすい。これはジェイコブソンの自律訓練法（漸進的弛緩法）に似た方法である。

また筆者がよく用いるのは全身放松で、全身を部位に見なして、頭↓首↓胸・腕↓腹↓太股↓膝↓すね↓足といった上から下へとリラックスさせていく方法である。この方法は白隠禅師の「軟酥《なんそ》の法」（酥《そ》というクリーム状のものが頭上からとろけていくイメージをもつ）とよく似ている。これら三線放松や全身放松を行うときは、呼吸は自然呼吸で、部位に意識を向け、イメージ（意念）を働かせ、その部位が呼吸と共に緩んでいく姿を思い描きながら次の部位へと進んでいく。

ここで、筆者が行っている全身放松を紹介しよう。半歩足を開いて起立する、あるいは椅子に座った姿勢をとる。呼吸を整えリラックスした状態にする。目は半眼あるいは軽く閉じる。頭上（百会）に気（光）の線をイメージし、それを置く。その光の棒を緩やかに体内に降ろしていく。体内を内観しながら、リラックスしていない部位（気の滞り）があれば、リラックスすることを試みる。言

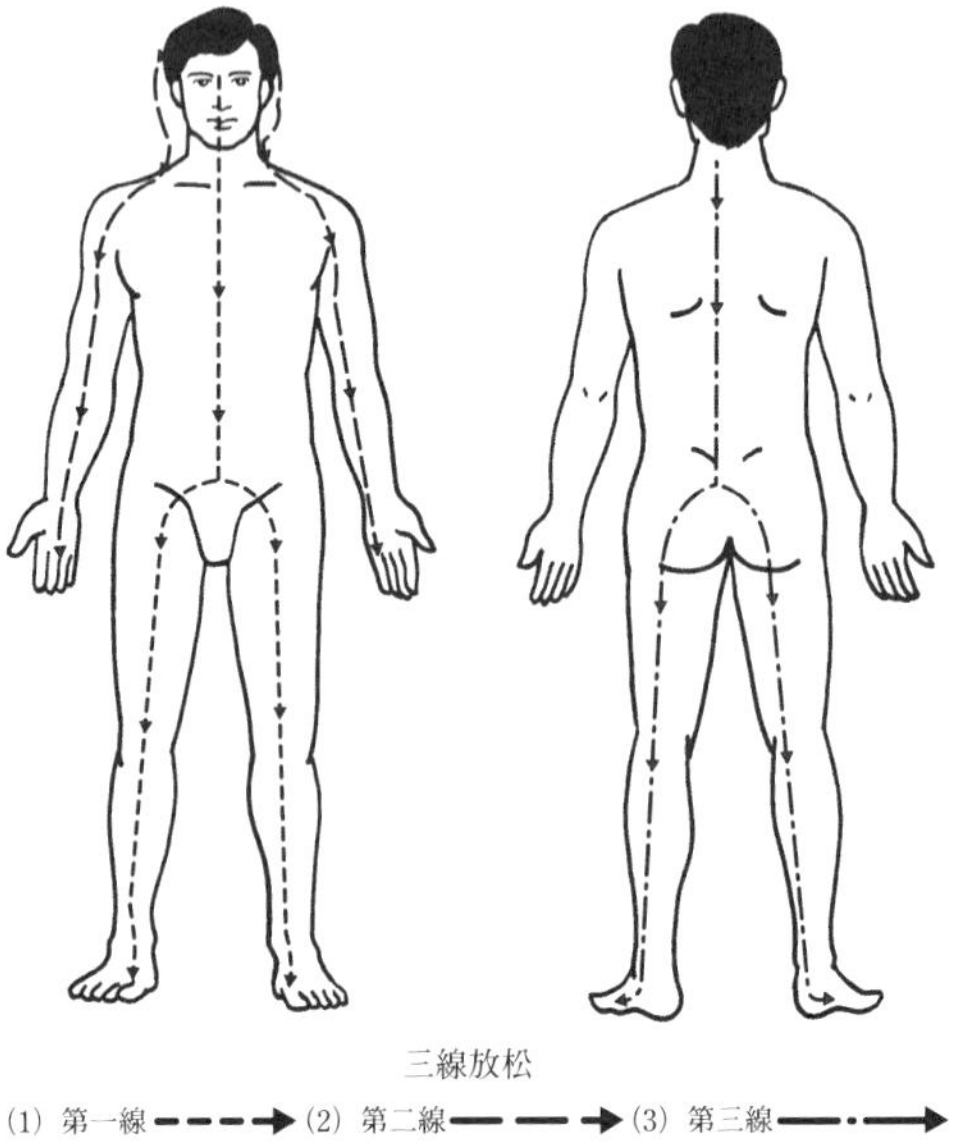

『中国気功学』[1]より

■図3-4　三線放松

い換えれば、滞った部位に意識を向け、意守して光をその部位に浸透させるのである。また「緩む」ところの中でつぶやく、あるいは緩む状態をイメージするのもよい。その光の気が浸透したと思えれば、光の線を体内に次第に降ろしていくといった方法である。

四　外気功は深層意識の働き

幼い頃の風景の中に、誰もが親から外気功《がいきこう》をしてもらった体験をしている。転んで手足を打ち、親にさすってもらい、「痛いの、痛いの、飛んでいけ」と言ってもらったことはないだろうか。そのとき、本当に痛みがスーッと抜けていくことを経験している人も多いだろう。子どもが打ち身した部位は気が滞っている。親が「痛いの、痛いの、飛んでいけ」と言いながら、子どもの患部をこすり離していく行為は、外気功でいう邪気をとる手功にあたる。親は言語レベルでは子どもの意識の表層へ、身体（感覚）レベルでは意識の深層へ向けて、気を働かせていることになる。そして、「もう大丈夫よ」と言いながら患部をさするとき、外気が入ってくる。これらの行為は、とっさの状況での親の深層意識的な反応である。その思い（情報）が強ければ強いほど、癒しの力が増してくる。このように考えれば、外気功が特別なものでないという理解はしやすい。

筆者は日本人気功師と中国人医師（上海市気功研究所共催プログラム）から外気功を学んだ。両者共、筆者の外気功に対する懐疑心を払拭したのは事実である。学んだ外気功を実践しているうちに、「なんとなく」わかってくることが多かった。それは知的理解ではなく、「身体知」が反応しているといえる。外気功の要領として、手当する側が相手の肉体（粗大身）の奥にある気の身体（微細身）をイメージできるか否かが大きいように思われる。筆者は「気の心理臨床」のセミナーやワークショップで、二人一組で「肩もみ」というプログラムを行う。最初は普通に肩もみをする作業を行い、次に参加者から一人選び、椅子に座ってもらい、目に見える肉体の奥に気の身体があることを説明する。「皆さんが見ているAさんの肉体の奥に、気の微細身があるとイメージしてください。その気の身体を取り出し横に置き、その気の身体をAさんの肉体に戻します」と、動作を加えてその作業をしてみると、多くの参加者はイメージしやすいようである。このように気の身体をイメージしてもらった後で、「気の身体をもむつもりで、肩をもんでください」というメッセージを送り、最初の肉体をもむ作業と気の身体をもむ作業の違いを理解してもらうのである。参加者からは「もみ方がゆっくりになり優しくなった」「ただもむよりも気持ちがいい」などの反応が多い。これは、もむ側ももまれる側も「気の身体」を意識し、気のレベルにアプローチしているからである。その意味では意識の有りよう、イメージの仕方、意念のもち方の変化によって、お互いの身体自体が変容することを意味している。

外気功には、手を用いた手功、それには接触する手当、接触しない手かざしがある。また、眉の間（天目）から気を通す目功、意念のみで行う意功がある。本著では、気感トレーニングと手功としての気の手当法(9)と気針法(10)を紹介する。

1　気感を感じる方法

(1)　一人で行う場合

両手を合わせ合掌の形にする（図3-5）。しばらく両掌をこする。それから数センチ掌を離して、しばらく掌の間の気感を感じてみる。多くの人たちは「温かい感じ」「ビリビリする」「磁石のように引きつけられる」「涼しい感じ」「フワッとした感じ」などといった気感をもつ。何かそのような気感を感じたならば、両掌を近づけたり離したりし、気感が感じられる距離まで離していく。両

■図3-5　気感トレーニング①

掌が肩幅ぐらいにまで離れ気感を感じることができればよい。この距離は他者の身体が入る間隔である。

(2) 二人で行う場合

① 一人は両掌を肩幅ぐらいの距離に開ける。もう一人は片手で相手の両掌の間を上から下へ緩やかに降ろしていく(図3-6)。そのとき両掌に入る前と入っているとき、出てからの気感の違いを感じとるのである。

② 一人は剣指(人差し指と中指は伸ばし、他の指は握りしめる。剣の形)を、もう一人は掌を広げ、広げた掌に向かって数センチの距離から剣指で気を放射する(図3-7)。そして、お互いが気感を感じとるのである。このとき気を受ける側は目を閉じ、放射している気を感じるトレーニングを行えばよい。

2 気の手当法

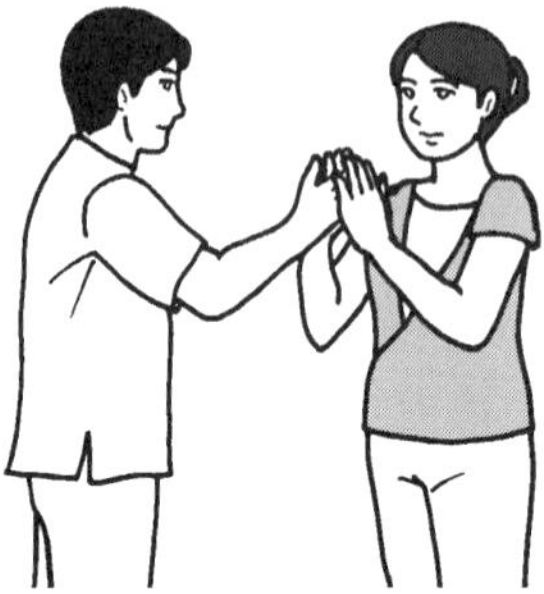

■図3-6　気感トレーニング②

この技法は、凝りや痛みの部位に手を当て気を通す方法である。基本的には次の要領で行う。

① 相手を包み込む気の場をつくる。
② 合掌をして、ゆっくり掌を軽くこする。
③ 掌が暖かくなったところで、患部に手を当てる（図3-8）。
④ 手当て中は何も考えず、気の光が入っているイメージをもつ
⑤ 気が充満したと思えたときに終了する。

①では、手当する側は、気持ちを落ち着かせてから、自分の気の場に相手を入れる。方法として球体（ボールあるいは卵）をイメージして、その中に入る。④では、天地宇宙の気（光）があなたの全身に入り、掌を通して出ていくイメージや思いをもち、決して自分の気を使わないようにする

■図3-7　気感トレーニング③

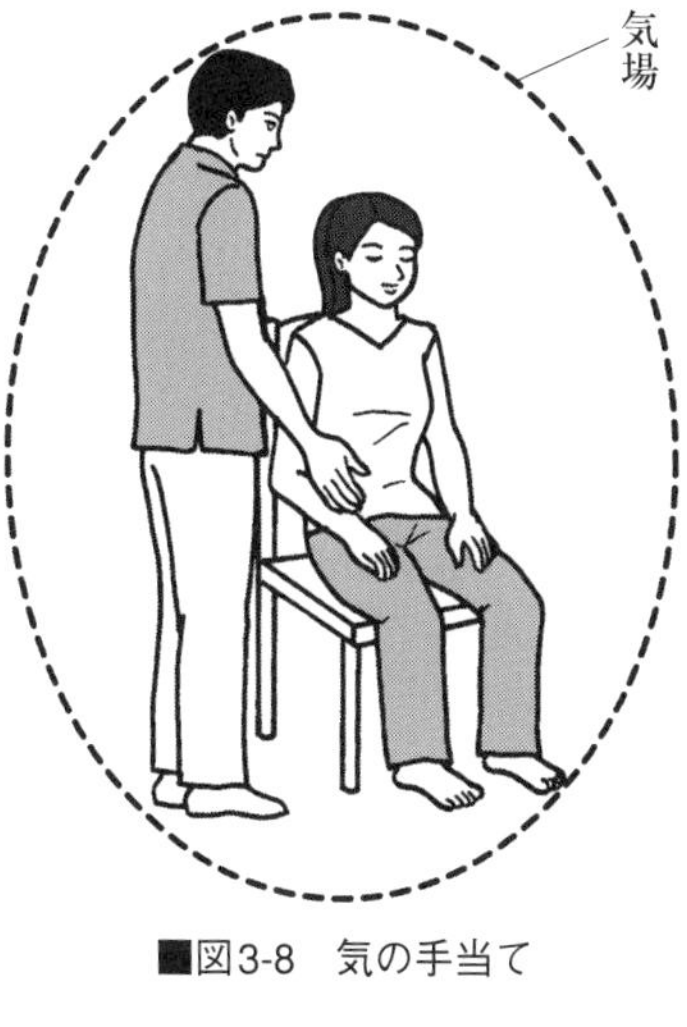

■図3-8　気の手当て

こと。⑤では、手当する側が「これでよし」と思ったときが終了時である。最初は「これでよし」となかなか理解できない。しかし、トレーニングを積んでいくと、イメージで気（光）が充満してくる自律的なイメージが働いてくる。終了時には、こころの中で「感謝」とつぶやき、終わらせることをお勧めする。もし、掌に何か違和感を覚えるならば、一気に光の手袋を捨てるように床に振り降ろし、邪気を払えばよい。また疲れを感じるならば自分の気を使っているか相手の邪気が入ったと考えられる。もし相手を治そうと思っていたなら、自分の気を使っていたことになる。相手の邪気が入ったと感じるならば、自分の身体を（何かがついたとき払うように）払うか、つかんで捨てるようにすればよい。この行為を邪気祓いという。

気の手当法を、まず自分あるいは身近な安心できる人に試みると、すぐに効果が出てくるので、自分自身を疑うかもしれない。筆者もはじめて外気功を他者に試みたとき、その相手の痛みがとれたことで自分を疑った経験をしている。手当による効果が出たときには「何故なのか」という思考を中断させ、相手の痛みが軽減し楽になった「事実」のみに注目すればよい。その現象を手がかりとすることが、今後手当の技術を高めるには重要である。それは自分自身を信頼することにもつながるからである。ここで紹介している方法は、誰にでもできることで特別なことではない。誰もが気に興味をもち、気に慣れ親しむならば、気感はより増大する。気の手当法は万能ではないが、有効な方法だと考えている。一度試してみていただきたい。身近な人に試みることで必ず喜ばれ、手当を繰り返すことで、「気とは何か」が実感として自然にわかってくる。また他者に手当することで、お互いの気の交流が行われるという意味では、人間関係の改善にもつながる。

3 気針法

この技法は、気の針をイメージし、例えば腰痛の場合、その痛みの部位（気の滞り）に気を入れる方法である。基本的には次の要領で行う。

① 相手を包み込む気の場をつくる。
② 利き手の親指、人差し指、中指を合わせて、その三本指の中にイメージで、六〜七センチの気の針をつくり、相手の圧痛点の部位に気針を刺す（図3-9）。
③ 痛点からの情報とセラピストの気針がうまく合わされてくる一点を探す。
④ その痛点に対して外気治療を行う。

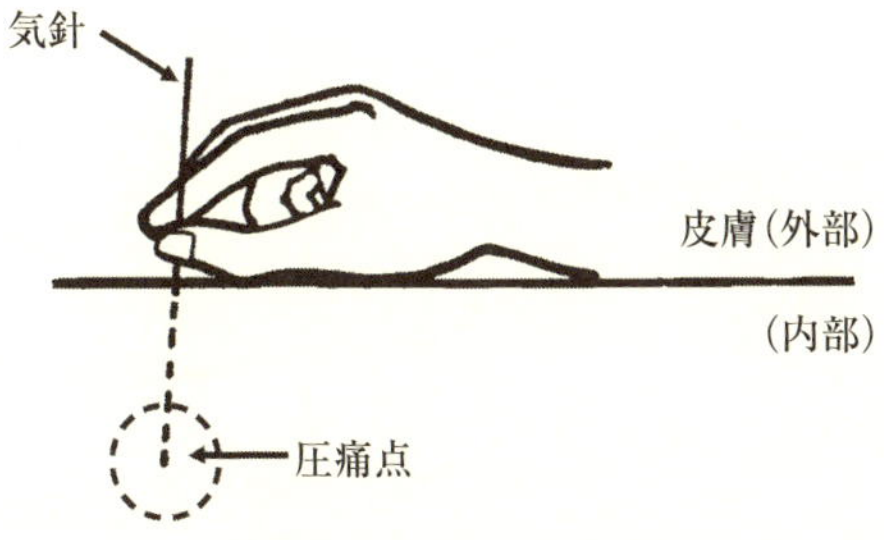

■図3-9　気針法の実際

⑤　気が通ったときに終了する。

セラピストは自分の気の場にクライエントを入れる。方法として円をイメージしてその中に入る。セラピストの気の場の中で、相手の患部を確認し、その部位に気の手当を行う。気針法では、気の針をイメージした針を用いる。このとき重要なことは、相手の圧痛点によって動かされることだ。そこではセラピストが意識的あるいはコントロールするのではなく、相手のうっ滞した気が気針を呼び込む（動かされる）といったほうが正しい。そして最初気針を意識的に三六〇度の方向へ動かしている状態から、気針が自律的に動かされてくる。それは相手の気の要求に従って動かされているかのようである。その圧痛点に気針を通して、気が流れ込むイメージをもつ、だが意識的になってはならない。その圧痛点にある程度気が流れ込むまで待つのである。この気の質と量は相手の身体（部位）が教えてくれる。

一般的には気の使い方は、高塚[11]がいう「本能的に素直になることだ。自分に意識的に指令を出してはいけない。無限の宇宙を感じた瞬間が、あなたが無限のエネルギーを得た瞬間だ。何か温かいものが体を伝わり、指先にビリビリとした感じを覚えることと思う。それを指先から相手にあるいは自分の不調な部位に伝えること」であるという。気の実体に触れるとは、意識的にならず、無限の宇宙を感じることがコツである。また坂出[12]は「身体の外にある気を体内に入れるとき、耳や心のはたらきをとぎすますだけでは、だめだ。身体、特に心に充満している気で聴くようにせよ。この内気は外気と本来、同調するものだ。どうすれば同調するのか。虚無の状態にするのだ」という。両者に共通することは、無限の宇宙を感じる瞬間＝虚無の状態であり、それは気の流れに入り込むことを意味しているからだ。

外気治療において「補」と「瀉」という概念がある（五一ページ）。補とは虚に対して気を入れ、瀉とは実に対して気を抜くように用いる。筆者の気針はその部位に対して、補のときは時計方向へ回しながら動かし、瀉の場合は反時計方向へ気が流れていくと意識的にイメージする。そうしていると、無意識が作用する自律的なイメージが動き出し、ここまでということがわかってくる。また精神科医の神田橋條治先生は、事例研究会の合宿において、「補と瀉に関して法則的に考えず手が自律的に動く方向に従えばよい」と指導してくれた。したがって、一定のやり方があるわけではなく、イメージ（意念）の使い方が問題であるという考え方である。鵜沼[13]によると、指または掌を接触させて行う外気功は、むち打ち症、ギックリ腰、ひどいコリなどの筋肉や筋膜の異常や損傷に効果がある。また「推すと独特な痛みが響く、いわゆる圧痛点を探り、そこに指または掌で優しく触り、自分の呼気に合わせて気が拡散しながら浸透していくイメージを使うのが、いちばん効果が早く得られる」という。

外気功に取り組んできた筆者は、心理臨床において、外気功の技術を境界例のセラピーに役立たせている。外気功をクライエントに行っているという意味ではない。神経症レベルの人たちは皮膚感覚を伴って感じが伝わってくるが、境界例レベルの人たちは皮膚感覚を飛び越えて一気にセラピストの内臓レベル、言い換えれば深層意識に侵入してくるエネルギーが強烈である。そのエネルギー（気）は、他者を操作し取り憑くような情報であり、無意識的にセラピストに侵入する。そして、侵入された気（情報）は異物としてセラピストの心身に影響を与えるのである。筆者は外気功（気針法）を学ぶことで、気の働きは「空間的には個体の外部にまでその作用が及ぶ(14)」ことを体感した。このような気の働きを知ることで、自らの身体感覚を通して、相手からの気の作用を察知しやすくなっている。

第四章　東洋における象徴的身体

一　多元的な身体

中国医学では、「見える身体（粗大身）」と共に存在するもう一つの微細身を問題にしてきた（三八～二九ページ）。その微細身とは、気が流れる身体のことである。身体には気を循環させる「経絡」という通路がある。経絡上に気がたまる点のことを経穴（ツボ）という。経絡は手足三本ずつの陰経と陽経に分かれており、十二経絡（正絡）と八本の奇経八脈から成っている。これらの経絡は全身にネットワークシステムとして流れており、皮膚、筋肉、各臓器をつなぐ役割を果たしている。経絡については、すでに第二章で詳しく説明している（四七～五二ページ）。微細身を理解するには、図4-1(1)に示した目には見えない経絡を中心とした「気の身体」をイメージしていただくほかない。この「正人明堂図《せいじんめいどうず》」に描かれている複雑にしてこみ入った経絡を浮かび上がらせて、光のイメージで経絡のラインを視覚化してみれば、異なった次元の身体として見えてこないだろうか。実際には目に見えない気の身体が、肉体の奥に重層的に潜んでいると考えるのである。

図4-2は、アーティストのグレイ(2)の『聖なる鏡（The Sacred Mirrors）』の中に描かれた「サイキックエネルギーのシステム」と題した一枚である。この作品集は二十一枚のシリーズで、「肉体」

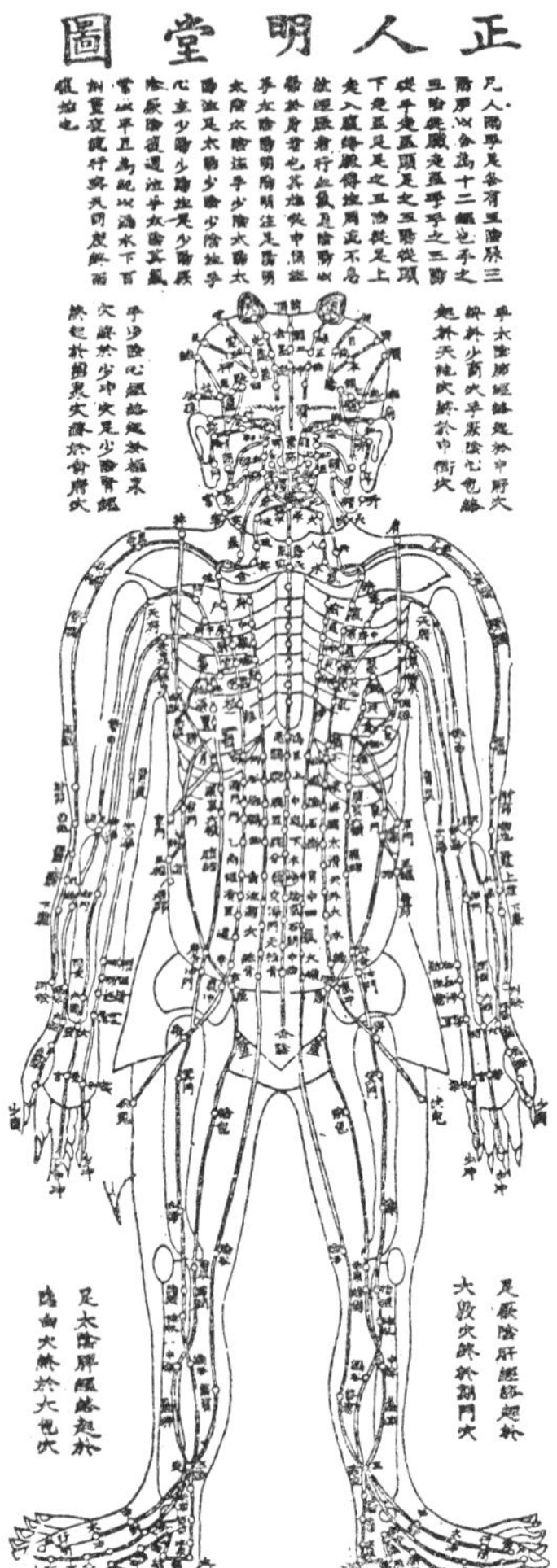

『気流れる身体』[1]より

■図4-1　正人明堂図《せいじんめいどうず》

「精神」「霊」といわれる三つのセクションに分かれており、「物質界」から「霊界」へと進化することで、肉体から精神、そして霊的意識へ向かう変容過程を描写している。図4-2の作品は、グレイ[2]によると「肉体としての身体をX線で見た状態に、肉体を超えた心霊的なエネルギーシステムを織り交ぜたもので、身体を包むアストラル体とエーテル体のオーラの色や形を読む専門家の記述をもとに、インド医学の七つチャクラや中国医学の経絡から発する白光を総合して作成したものである」という。

湯浅[3]は、「気のエネルギーは人体のまわりに一種のエネルギー場を形成しており、それには、感覚まで達しない音波、光、電磁波などが含まれている。それらは主に経絡における

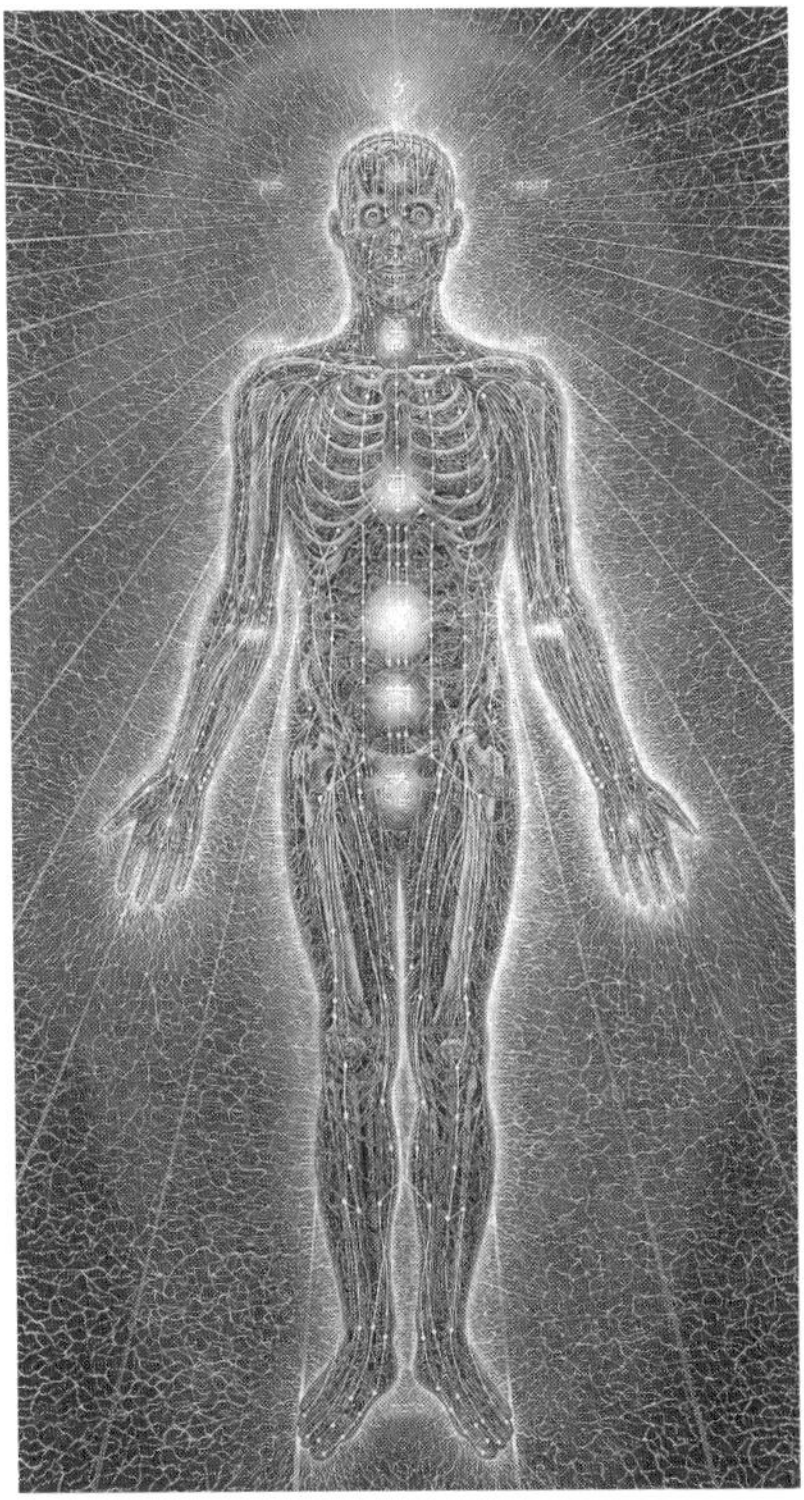

『セークレッド・ミラーズ（聖なる鏡）』[2]より
■図4-2　サイキックエネルギーのシステム

ツボ（経穴）の部位から検出されるので、経絡を流れている生体特有のエネルギー（つまり気）と相関関係がある」という。図4-2を見てもわかるように、身体のまわりに気が白光しており、その白光がある程度の距離にまで達している。また七つのチャクラと経絡の位置が正確に描かれている。チャクラとは、サンスクリット語で「光の輪」という意味があり、身体の基底から頭頂まで七つのエネルギーセンターが正中線上にある。このチャクラは宇宙を構成する五大元素である地、水、火、

風、空に気と光を含めた七つの要素を象徴化しており、各チャクラのイメージは固有の形態と色があり、蓮華の絵で表されている。図4-2は、丸く描かれている部位、下から会陰の部位が第1チャクラ、下腹部の臍の下が第2チャクラ、みぞおちが第3チャクラ、胸（心臓）が第4チャクラ、喉が第5チャクラ、眉の間が第6チャクラ、頭頂部が第7チャクラの位置を示している。本山[(4)]によると、チャクラは三つのグループに分けることができるという。第一グループは第1・第2チャクラであり、それらは生命力の源であり生理学的な領域で、地球と太陽からくるエネルギーに影響を受けている。第二グループは第3・第4・第5チャクラであり、それらは人格の発達の領域であり、人間関係を通して影響を受けている。第三グループは第6・第7チャクラであり、それらはスピリチュアル（霊的）な領域であり、その進化が達せられたときのみ活動するという。このようなチャクラの体系は、メイス[(5)]によると、人間の成熟過程にみられる七つの明確な段階を元型として描写したものであり、私たちが物質世界の誘惑を徐々に克服することによって、神性へと昇華する過程を暗示しているという。これは、クンダリーニの覚醒と呼ばれるものである。クンダリーニ・ヨーガでは、身体技法（瞑想）を用いて第1チャクラに眠っている象徴的なとぐろを巻いた蛇を覚醒させ、そのエネルギーをらせん状に第7チャクラまで高次な意識性へと上昇させ、霊性を高める。

これら七つの「チャクラ」は、道教の三つの「丹田《たんでん》」に対応するものと考えられる。下丹田《かたんでん》は下腹の部位で第2チャクラの周辺に、中丹田は胸の部位で第4チャクラの周辺に、上丹田は眉間の部位で第6チャクラの周辺に相当する。クンダリーニ・ヨーガにおける意識の覚醒への身体技法は、道教における「内丹」に類似している。クンダリーニ・ヨーガでは身体の正中線上にある第1チャクラのエネルギーを下から上へと第7チャクラまで上昇させ、道教の内丹は身体内の任脈《にんみゃく》と督脈《とくみゃく》を用いて下から上へ気を循環させる技法を用いる。この両者の技法において細かな違いはあるが、身体技法を用いてスピリチュアル（霊的）な意識性を覚醒させる意味では類似している。また、ヨーガにおけるクンダリーニの覚醒と道教における神への変容は、身体技法を用いて、三つの次元の身体を体感させると同時に三つの次元の意識を体験させる。

上野[6]は、「道教系の中国医学では宇宙に偏在する根源的エネルギーである〈気〉を、さらに精、気、神という三つのレベル（次元）に分けています」として、「精のからだ」「気のからだ」「神のからだ」の三つの身体に分類している。上野が述べる三つの次元の身体は、田嶌[7]が分類した「三種の身体」に相通ずるものである。三種の身体とは、第一は現実感覚的身体で、自分と他者とを区別し、五感を通して世界を認知する身体であり、第二は主観感覚的身体で、現実の身体がどうであれ、主観的イメージをもち、現実の身体経験に基づく身体感覚とは区別する主観的な身体であり、第三は超個的身体で、個を超えて広がりをもつ体験的な身体のことである。また「そもそも体験は現実感覚と認知と感情とイメージなどが一緒に含まれているものであり、ホリスティックなものである」(7)として、この三種の身体を同時に生きており、その実感とイメージがあるという。田嶌が述べる実感とイメージを「意識状態」という言葉に言い換えることができるように思われる。ここでいう意識状態とは、身体と共に働く意識の有りようのことである。また、田嶌の「現実」「主観」「超個」という概念を用いるならば、現実的意識状態、主観的意識状態、超個的意識状態として捉えることができる。また、言語と行動を表す領域を「表層意識」、感情と情動を結ぶ領域を「中層意識」、イメージと身体感覚で成り立っている領域を「深層意識」と捉えることもできる。これら上野と田嶌の身体論を整理すると、図4-3に示すようなことがいえる。

　精のからだは、現実感覚的身体と主観感覚的身体に対応し、現実的意識状態と主観的意識状態を伴う。気のからだは、主観感覚的身体と超個的身体に対応し、主観的意識状態と超個的意識状態を伴う。神のからだは、超個的身体に対応し、超個的意識状態を伴うといえる。ジ

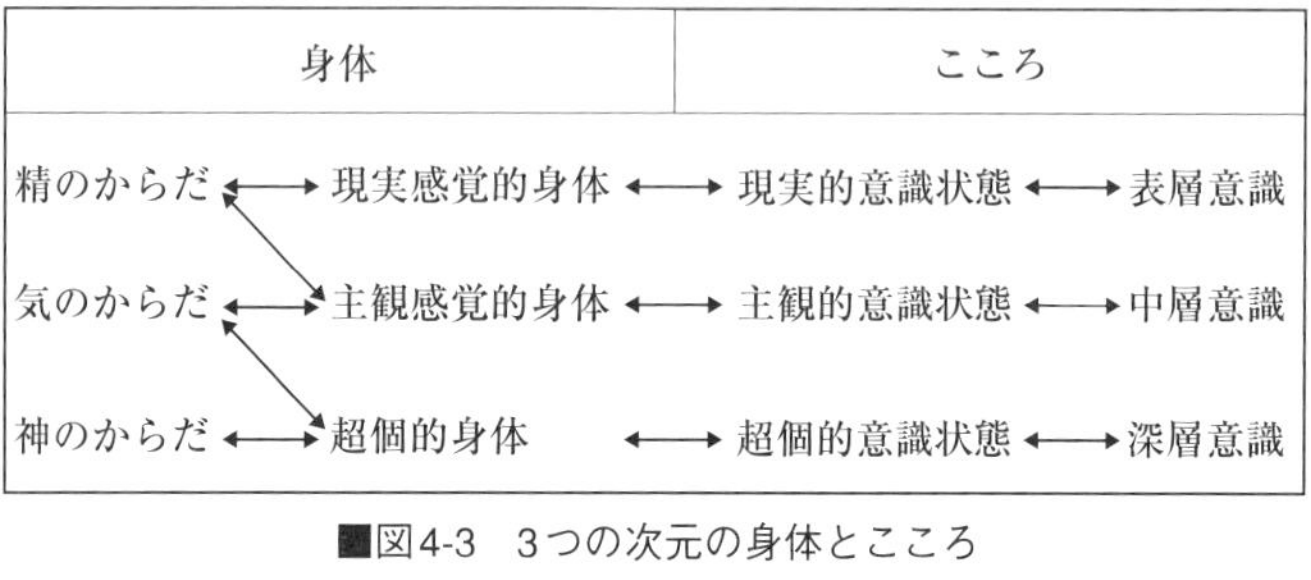

■図4-3　3つの次元の身体とこころ

ェイムス(8)は意識の有りように関して、正常で目覚めているときの意識は、実は意識の一部分にしかすぎず、意識を取り巻く周辺には極めて薄い膜に隔てられた全く違った潜在的な様々な意識があり、このような異なる意識の形態を無視する限り世界の全体を説明することにはならない。要するに、そのような意識形態をどのように捉えるかが問題であると述べている。

図4-3で示したように、心身の働きは身体感覚と意識状態が重層的な構造をもち、それらを同時に生きており、状況や状態によって二つの次元を往来する身体と意識があるという認識が重要である。

二　「内経図」における象徴的身体

古代中国人は、大自然を身体に取り込み、山水の風景を映し出す身体として、象徴化された「内経図」(6)（図4-4）を描いていた。

「内経図」を下丹田《かたんでん》（精）から見てみよう。生命の海から男女（陰陽）が仲むつまじく水車を絶え間なく一歩ずつ回している姿が描かれている。水車はぐるりと回り、小さな建物の穴（水路）から水が逆流し、督脈を昇っていく。二つの鼎《てい》には火が焚かれており、熱気が漂い、逆流した水

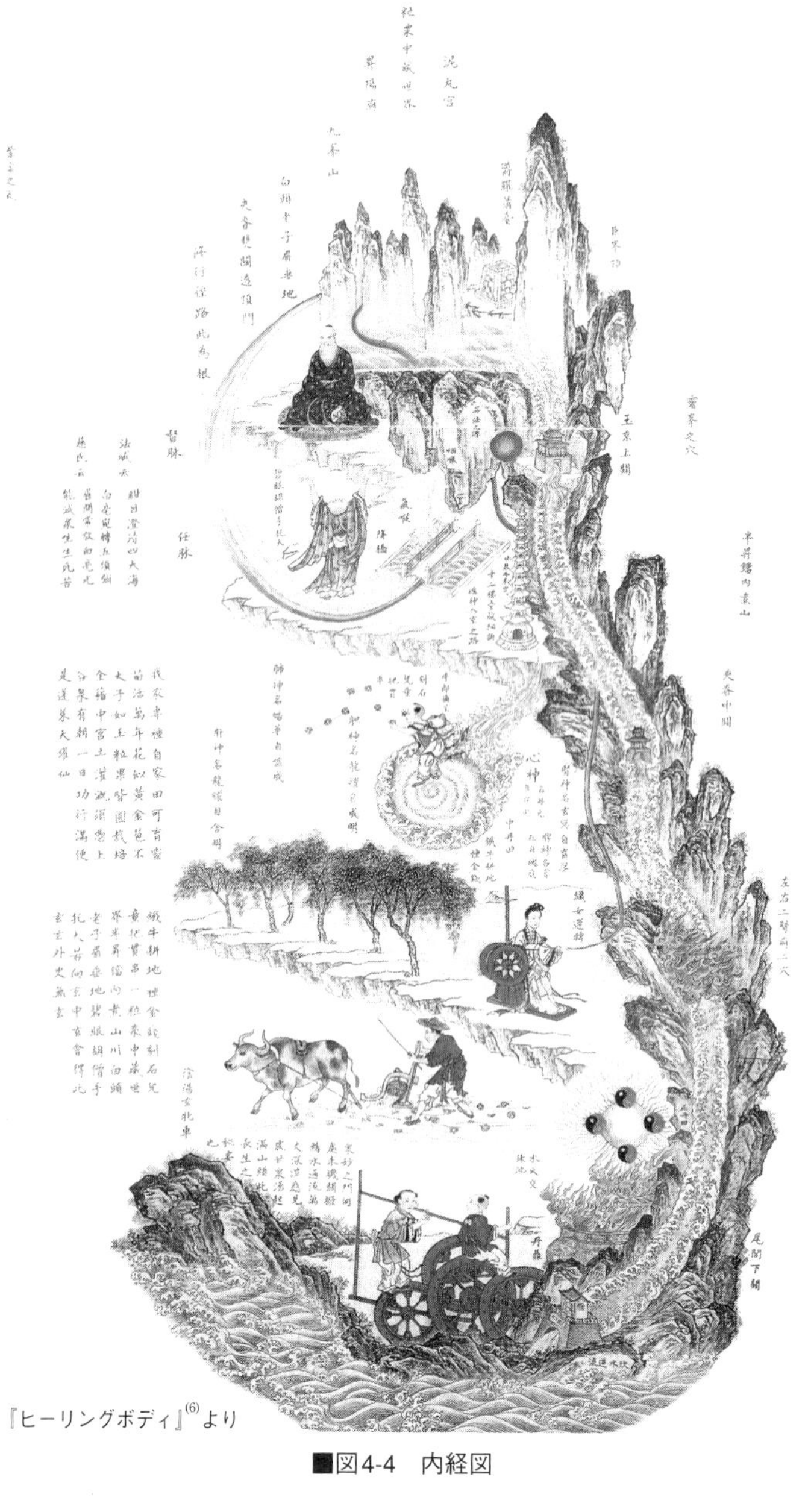

『ヒーリングボディ』(6)より

■図4-4　内経図

（陰＝女性性）と火（陽＝男性性）が交合する。また、鉄の牛が田を耕し金銭を植え、石を刻む子どもは串刺しを持っている。その横には四つの陰陽図が描かれ光り輝いている。この位置が下丹田《かたんでん》と記されている。生理的には、下丹田（精）の部位には生殖器や腎が位置されており、「水の中枢」「陰の中枢」「陰の腎水」と呼ばれている。

中丹田《ちゅうたんでん》（気）になると、大地には木々が生い茂り、督脈の水の流れの上に再び火が燃えさかっている。また男女のペアがおり、七夕伝説の「織女星」と「牽牛星」が描かれている。[9][10] 石田[10]は「全体を天空、僕たちが地上から見上げた天空と見る理解では、逆流する督脈経の流れ（背部）が銀河で、全体として、天の川が流れていて、そして上部、顔の左右の眼として、太陽と月が輝いて、胸には北斗がある」という。また織女が天の川（銀河）で糸を紡ぎ、その糸が上丹田まで流れ動いている。また牽牛が北斗七星をつかみ、身体の中に見る天空との照応関係が見られる。中丹田（気）の部位には心臓があり、「火の中枢」「陽の中枢」「君火」と呼ばれている。

上丹田《じょうたんでん》（神）になると、頭頂には時空を越えて広がる険しい山々に風景が変わり、太陽の昇る場所（「昇陽府《しょうようふ》」）があり、一粒の栗の中に世界を隠すほどの真理がそこにはある。また「泥丸宮（ニーワン）」と記されており、涅槃《ねはん》や悟りの場所であることがうかがえる。人の姿は一転して老翁の姿となる。白髪頭の老人の眉は地面に垂れるほど長くと記されており、これは老子であることがわかる。[6][9]また、法蔵と慈氏の語りが記されており、法蔵が云う、紺色の目は四方の大海を清め、白毫（仏の額にあり世界を照らす光を放つ毛）が美しく変化し、須弥の高みに至ると。また慈氏（弥勒菩薩）が云う、眉間は常に白毫の光を放ち、衆生の巡り回る苦難を消滅することができると。この内経図は、身体の中に山水の風景を写し出し、大自然と人体とを対応させ、象徴的に表している。

また、下丹田《かたんでん》では、童男女（陰陽）のペア、水（陰＝女性性）と火（陽＝男性性）、原初なる大地の要素（水と火）から生命エネルギーが生まれ働く意味が含まれている。中丹田《ちゅうたんでん》では、成人男女である「織女」と「牽牛」のペアに変容しており、天空の事象が描かれている。上丹田《じょうたんでん》では、大自然の太陽（陽＝男性性）と月（陰＝女性性）が象徴的に描かれており、男女のペアから老翁の姿になり両性具有的な要素が一段と強まっている。この内経図からは、自然の有りよう（マクロコスモス）を人体内（ミクロコスモス）に見ることができ、天人相関《てんじんそうかん》の思想が読みとれる。

三　「煉丹術」という技法

道教はもともと不老長寿を目指し、現実主義から世界を見ようとしてきた。それゆえ不老不死の丹薬を求めて煉丹術が考えだされた。煉丹術には、丹（金丹）をつくるため硫化水銀（丹砂）などの鉱物薬である卑金属を精錬し黄金（貴金属）をつくる「外丹」と、内観存思という瞑想を用いた身体技法を通して自らの身体内に気の様態としての丹（金丹）をつくる「内丹」がある。

1　外　丹

煉丹術は後漢から晋にかけて葛洪《かっこう》らによってその思想や技術が確立されたといわれている。坂出は、「水銀というものは、焼けば焼くほど霊妙な変化をする。黄金は火に入れて、何度練り直しても減らないし、土に埋めても、永久に朽ちることがない。この二つの物を飲んで、人の身体を錬るから、人を不老不死にできるのだ。これは思うに外物を仮り求めて自分を堅固にするということだ」[11]（『抱朴子』の金丹篇）と、煉丹理論を説明している。当時は永遠なるいのちを求めて、大地の中に存在する永久に変化しない水銀や金などに投影させ、それらを摂取することで人体の不老不死とつながるものとして捉え、煉丹術が考えだされた。その黄金の合成法とは次のような内容である。

まず錫を鍛えて幅六寸四分、厚さ一寸二分の板にする。赤塩を灰汁と和えて泥状にし、錫の表面に塗る。その厚さは平均に一分。赤土の釜の中に重ねて置く。錫十斤に対して赤塩四斤の割合である。封をして、縁のところをぴったり固める。馬糞を火で温めること三十日。火を引いて蓋をあけて見ると、錫のなかみは全部灰状になって、その中に豆のようなものがコロコロとつながっている。これが黄金である。土の甕に入れ、炭火とふいごで加熱する。十回鍛煉するとすべて完成する。[11]（『抱朴子』）

坂出[12]によると、煉丹術を行うには人里離れた清浄な場が選ばれ、屋根を築き壇（台）が置かれ、器具は爐《ろ》・鼎《てい》・匱《き》（薬物を入れる器）が用いられ、壇の上に爐と鼎を組み合わせる。爐には未済爐《びせいろ》と既済爐《きせいろ》の二種類あるという。爐については、図4-5を参照していただきたい。

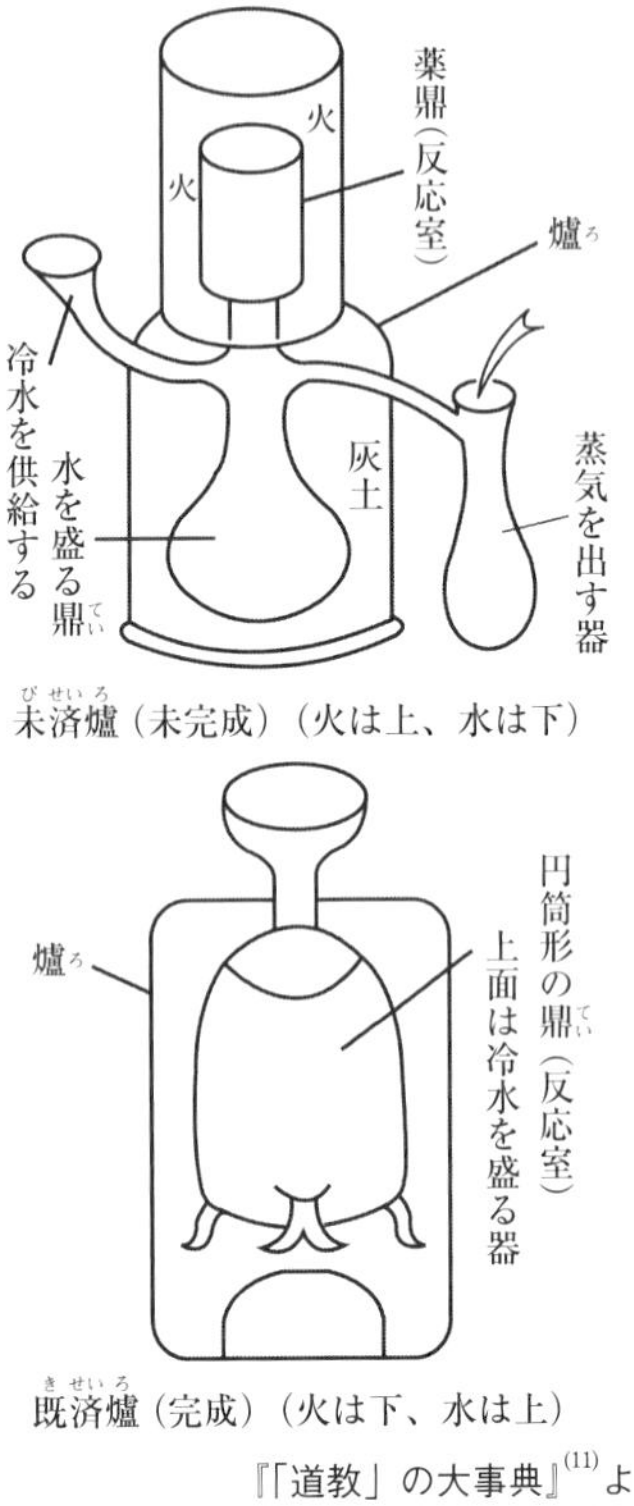

『「道教」の大事典』[11]より

■図4-5　爐《ろ》の図

未済爐の構造は、火が上で水が下にあり、上方の筒型の器は薬物を入れる鼎、下方の器は水を入れる鼎であり、外側にある鼎は水を注入したり蒸気が出るためのもので、器全体を火で燃焼させる。既済爐の構造は、内部中央に三つの脚がついた円筒（鼎）があり、ここに薬物を入れ、その上には水が注がれており、下方から熱する構造になっている。このような爐鼎の中に卑金属を入れ、ときには薬草を混ぜ、火と水を用いて丹薬を作るというのである。

後世、この煉丹術は「外丹」と称されるようになり、水銀などの鉱物薬でつくられた丹薬を服用するためのものであったが、中毒死という副作用が問題になり、死を招いた者も多い。そのような経験を生かして、不老長寿の丹薬を内観存思の身体技法を用いて、自らの体内いわゆる丹田《たんでん》につくり出そうとする「内丹」が考え出された。

2 内丹

内丹のプロセスは、石田[10]によれば天上的な「三丹田の原理」と地上的な「五臓《ごぞう》の原理」の二つの気の通路があり、それらのすべての通路をリンクして気が循環しているという。まず「三丹田の原理」である練功《れんこう》法を説明し、次に「五臓の原理」が体内でどのように影響し合っているのを述べる。

丹を煉る「三丹田」の原理は、身体を爐鼎に見立て、下丹田《かたんでん》を爐とし、中丹田《ちゅうたんでん》・上丹田《じょうたんでん》を鼎として、内丹の要素としての三味薬（精・気・神）を爐鼎《ろてい》に送り込んで練り、黄庭（脾臓のあたり）に金丹をつくるのである。練功《れんこう》は任脈《にんみゃく》と督脈《とくみゃく》に意念を用いて気を動かす身体技法を用いるのが基本であり、内丹では精・気を働かせ、神の領域まで到達することを目的にしている。体内では、水（腎臓＝陰）と火（心臓＝陽）の交合によって純陽の状態がつくられ、それを「金丹」と呼び、別名、胎児状の「聖胎」といわれている。図4-6は任脈と督脈という気の通路を表している。督脈は会陰部より起こり、脊柱に沿って後頭部から頭頂部を通り上口唇部まで、任脈は下口唇部から会陰部までの気の通路のことをいう。この通路を通して、三丹田（下丹田、中丹田、上丹田）に気を循環させることで丹を練り上げるのである。

これを「周天」という。

坂出[12]はこの周天のプロセスを、心身を整え（築基《ちくき》）、精を鍛錬することで気を純化し（煉精化気《れんせいかき》）、気を鍛錬することで神を純化し（煉気化神《れんきかしん》）、神を鍛錬することで虚に還る（煉神還虚《れんしんかんきょ》）という四段階をたどり、「虚寂無為《きょじゃくむい》」に至るという。

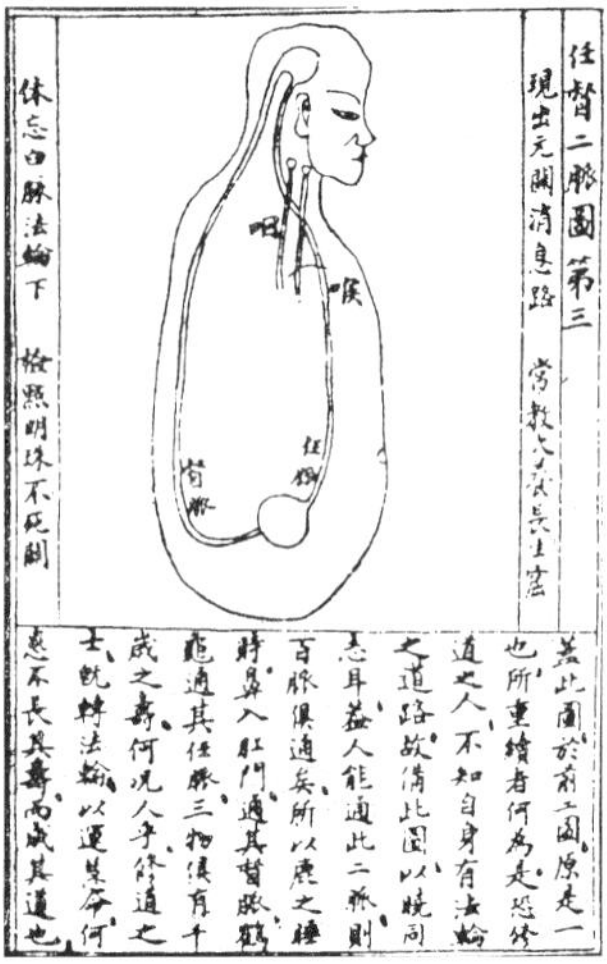

『道教の本』[16]より

■図4-6　任脈と督脈

第一の「築基《ちくき》」においては、意念を働かせて、精・気を下丹田、中丹田、上丹田へと任脈・督脈に沿って上下に循環させ、反復運行を行う。第二は初関と呼ばれ、精を気と交わらせて純化させ「大薬（先天の気）」を結ばせる段階のことである。その方法として、上丹田を鼎に、下丹田を爐に見立てて、任脈・督脈に沿って上下に循環させ、反復運行を行う。この練功を「小周天」と呼んでいる。第三は中関と呼ばれ、大薬の陰の性質を煉って純陽にする段階のことである。その方法として、中丹田を鼎に、下丹田を爐に見立てて、神と大薬を任脈・督脈に沿って上下に循環させ、反復運行を行う。そのようにすることで陰の要素が取り除かれ、金丹（聖胎）ができるという。これを「大周天」と呼び、この段階では任脈・督脈に沿っての循環運行はすでに意念によるものではなく、「入定寂照《にゅうじょうじゃくしょう》」によるものであるという。第四は上関《じょうかん》と呼ばれ、神と気は合一し、金丹はすでにつくられている段階のことであり、周天を休止し、虚寂無為の境地、言い換えれば、一切が虚空であり、本源に還ることを示していると述べている。(12)

では、実際にはどのような練功《れんこう》によって周天がなされているかを次に見てみよう。

姿勢を正しくとり、雑念を排除して形（身体）神（心）を安静に保ち、注意を集中する。これが煉己《れんき》である。そののち、もっぱら念を身中に帰し、神を凝らして気穴（下丹田《かたんでん》）に入れる。

さらに穏やかに調息して呼吸を細くして短い息づかいを長くする。そうして後天の呼吸を先天の気穴に接る。これが調薬《ちょうやく》である。神が身中に返れば、気は自ずから回る。このとき、外に散失していた気は再び気穴へ返さなければならない。さらに、静が極へと至るや、動ずる兆しが生じて、恍惚杳冥とした中で丹田《たんでん》で気が動くのを覚える。これが産薬《さんやく》である。はっきりいっておかなければならないことは、この気の動きは「意識して動かすのではなく、動いてそれを覚える」のであって、けっして主観的に気を動かそうとしてはならないということである。気を主観的に動かせば、それは真機ではない。気動いて神それを知るという機であれば、これこそ煉精《れんせい》化《か》気《き》の真機である。いったん気機が発動したなら、それは先天の精となる。またややもすると変化をとげて後天の交媾の精となる。そのときには、練功《れんこう》者は撮、抵、閉、吸の四字訣を運用して火を逼らせて金を行らせる。（火逼金行《かひつきんこう》）。これが採薬《さいやく》である。つづけて武火で烹煉する。これが封炉《ふうろ》である、さらにその後、意と気を互いに従わせて意を尾閭に引き下げ、次に尾閭から背骨に沿って泥丸まで上行させる。これが陽火を進めるときである。再び泥丸より前面の絳宮を経て気穴に復帰させ、陰符を行らせ退く。これは後天の呼吸の文火の作用によって薬物を烹煉することである。[13]

このような複雑な六つのステップ（煉己《れんき》―調薬《ちょうやく》―産薬《さんやく》―採薬《さいやく》―封炉《ふうろ》―煉薬《れんやく》）をたどり、小周天の練功が行われる。馬[13]が記述している内容を参考にして、筆者の体験を踏まえて小周天をわかりやすく整理し説明する。

内丹の鍛錬において、「煉己《れんき》」の状態に心身を整えることが基本になる。静かに座り、呼吸を整え瞑想状態に入っていく。しかし、必ずといっていいほど雑念が湧いてくる。それを払おうとしないで、「あるがまま」の状態にしているほうが、雑念は去っていくように思われる。雑念が去らなければ、呼吸に意識を向け、集中するのも一つの方法である。雑念が去らなければ一旦中止し、散歩などの身体を動かすのもよいだろう。すべての気の源は下丹田（気穴）にあり、意守丹田《いしゅたんでん》する必要がある。落ち着いて瞑想状態に近づけば、呼吸とともに下腹部（丹田の部位）に意識を向ける。そうすることで、自然に雑念は去っていく場合が多い。心理学的にいえば、意識を一点に集中した状態になると、ほかの意識は無意識の状態になると考えればよい。このとき、呼吸の音（「風」）やリズム（「喘」）に意識を向けると、かすかな音と緩やかなリズムに変化しているのがわかるだろう。絶えず呼吸と共に意守丹田を行う。次に「神をこらして気穴に入れる」意識の状態（凝神）が調薬のステップだと、馬[13]は説明している。ここでいう神をこらすとは、我欲がない澄みきった意識状態と言い換えられるのではないだろうか。それは太極あるいは「一」に通じる意識状態である。これはやはり呼吸法を用いて、意識の純化をはかるしかないと思われる。その方法としては、意念（イメージ）を用いて、透明感の高い光を呼気し、濁気（雑念や想念）を吐気するのである。この鍛錬によって産薬《さんやく》が生じ、任脈と督脈が開かれる。「精気は次第に旺盛になって行き、ついには小薬（大周天では大薬）が産出され、……この小薬が生じるときが、ふつういわれる活子時であり、一陽が生じる時にあたる」(13)という。この一陽は一筋の光、あるいは純粋な気のレベルと言い換えてもよい。このとき、気を意識的に動かせば真機ではないといっている。イメージを心理学で説明すると、イメージには、主観的にイメージを描き出す「想像イメージ」と、自然に生み出される「自発イメージ」がある。ここでいう真機とは自発イメージであり、それは自律的に働く状態を意味している。

採取とは「火逼金行《かひっきんこう》（火を逼らせて金を行らす）」のことであり、火は心を、金は腎の中の精気を示している。その方法として、吸、抵、撮、閉の四字訣を運用する。吸とは鼻腔による吸気のこと、抵とは舌を上顎につけること、撮とは肛門を締めること、閉とは口を閉じ目を閉じることである。舌を上顎につけるとき、舌先だけではなく歯茎に沿って舌の先端をべたっと自然につけるのがコツである。また肛門を締める練習をすることをお勧めする。肛門を締めるとき最初は力が入る。練習をすれば、力を抜いて締める感覚がわかってくるし、同時に性器そのものも締まってくる。これらの動作は、任脈と督脈の気の循環を行うとき、気が漏れないようにするためである。これと同時に武火《ぶか》という呼吸を用いるのである。武火とは呼吸の気が激しく深く勢いよい呼吸のことであり、陽息《ようそく》と称されている。これは過呼吸ではない。この呼吸を続けることにより、丹田《たんでん》の気は火のごとく盛んになり、外に漏れないように封炉《ふうろ》（封固《ふうこ》）する。煉薬《れんやく》とは、丹田に封固した温かい気を呼吸法を用いて背中の督脈を昇り、三関を通り抜け、頭上に至り、前面の任脈を通り下丹田に降ろしていくことをいう。これを内経図（図4-4）で示すならば、男女のペアが風車を回し水を逆流させ、督脈に上げていき、任脈を通して降ろしていく状態のことである。このときの呼吸法は督脈に気を上げていくときは吸気を用いて、一瞬止め、吐気を用いて任脈から気を降ろすのである。一呼吸で一循環になる。練功《れんこう》ごとに三百回ぐらいすればよいといわれている。しかし回数は方便であり、練功者が鍛錬することにより自然にわかってくると思われる。

周天における意念（イメージ）の用い方は、身体内の任脈と督脈という気の通路に意識を向け、一定の規則に従い意を動かすと気のイメージ化が起こってくる。それは呼吸とともに気が働いていることを認識し、意識の状態も微妙に変性していることがつかめるようになる。そのとき、気のイメージの実体化(14)が起こっているのである。濱野(15)は、その身体感覚体験から独自のイメージが生み出される過程を「気イメージ体験」と呼んだ。その気感の状態がわかれば気の実体に馴染んだといえる。思いの方向に意を動かしていると、自律的に気が働くということもわかってくる。言い換えれば、「気は意に乗って移動する」[16]のである。藤岡[14]は、「気が移動しているのは身体性イメージであって、気の滴はイメージではなくて或る実体なのだ」と述べている。或る実体とは、エネルギー、物質、情報であるといえる。[17]また、田嵩は、「気というもの自体が、単なる抽象概念に留まらず、その本人に実感として感じられる身体感覚的イメージである」[18]という。この両者の「身体性イメージ」と「身体感覚的イメージ」は〈働きとしての気〉として捉えることができる。そして、イメージが情報として気の流れに入り込むときに、意識は変性し、身体感覚が変化する。それは〈リアル〉であるがゆえに心身を変容させるのであろう。

このように小周天の鍛錬では、「築基《ちくき》」「煉精化気《れんせいかき》」のプロセスを通して、小薬（金丹）を産出し、任脈・督脈に通し、純粋な気のレベルに変換するプロセスをたどる。大周天では、この純化した気を練ることにより神に結合させる（「煉気化神《れんきかしん》」）の段階が起こり、「煉神還虚《れんしんかんきょ》」の状態にまで引き上げていくのである。馬[13]によると、大周天では意念と呼吸がぴったりと無意識的に一致をし、気息は息がないほどに微かに綿々とし、全身はリラックスしており、真気はますます盛んになり、気が丹田《たんでん》に満ち、安らかさと静けさが全身を覆い、「静」の極地に達するという。すると、次には静から動へと一転するという。これを「六根震動《ろっこんしんどう》」という。六根とは、六識を生じる眼、耳、鼻、舌、身、意のことである。これらの気の働きによって六根が活発になる状態が起こるという。これら体内に流れる気を漏れないように意を用いてコントロールするのである。このとき腎中の精気が上昇し口中に唾液が増加するという。腎の中には金が存在するがゆえ「金液還丹《きんえきかんたん》」と呼ぶ。増加した唾液をゆっくり飲み下し、臓腑を内視しながら下へ下へと丹田に戻していく。意守部位は中丹田である。このプロセスにおいて、真気は純陽の神へと変換していく。このとき、任脈・督脈を通じさせると共に、すべての八脈が通じていくという。この功法が大周天である。

この壮大な内丹のプロセスを、石田[19]は「道教の身体錬金術は、アンドロギュノス（両性具有）としてとらえられた身体の中で、火と太陽によってシンボライズされる男性的原理と、水と月によってシンボライズされる女性的原理とを交わらせ、始源の純粋性を宿す宇宙卵的な「丹」を産んでいく試みである。男性原理と女性原理は、陽気と陰液という具象的な流れる身体としてとらえられる」と述べている。石田は、この内丹の変容のプロセスを、図4-7を示し、第一の精の段階、第二の精から気への段階、第三の気から神への段階に分けて、五臓《ごぞう》の気の循環を説明している[19]。その内容を石田の論述に沿って整理する。

第一段階の精のプロセスにおいて、真水（陰）の部分から内丹は始まるという。そこで生じた腎の火（陽気）が心火（心臓）へ流れ陰液と交わっていく。心火と重なって腎の火（陽気）が陰液を生みつつ交わるという。陽気と交わった陰液は、腎水へと降り、その交合の結果として、精（丹の元）を脾から黄庭に送る。この脾から下丹田《かたんでん》にわたる黄庭を中心に五臓《ごぞう》に気を循環させるのである。その始まりは腎水に戻った陰液は、陰の極みに達し、そこから陽気が再び、心火へ向かうという循環の働きがある。下丹田の腎臓からの真水（陰気）が女性原理を表し、心臓は真火（陽気）として男性原理を表し、その結合によって変容のプロセスが起こるという。石田[19]は、陰陽カテゴリーの反転を問題にしている。陰液は陽である火でシンポライズされる「心」で生じ、陽気は陰である水でシンボライズされる「腎」から生じることは間違いないと断言する。この陰陽のカテゴリーを反転させた男女生成のプロセスによって、「俗なる身体」と区別させ、この性の純粋性を重視した「聖なる身体」を問題にしている。それは、「俗なる身体」から「聖なる身体」へと飛翔させるのである。図式では、下丹田《かたんでん》の精のレベルと中丹田の気のレベルでの「心腎交合」で起こる変容プ

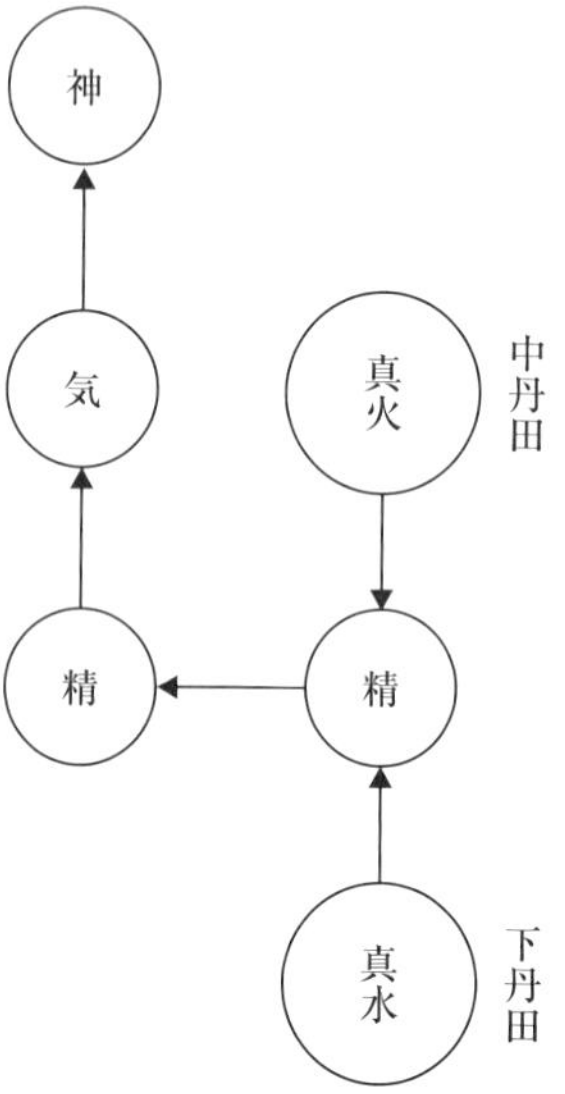

『からだのなかのタオ』[19]より

■図4-7　内丹の変容プロセス

ロセスである。そして、内丹の場が三つの丹田《たんでん》に移されていくのであるという。

第二段階の精から気へ（煉精化気《れんせいかき》）のプロセスでは、真水と真火の交合は、肺液に内在したままの形（金晶《きんしょう》）で腎から泥丸《でいがん》（上丹田）へと逆流を開始する。そのことは「金晶を飛ばす」と名付けられている。また房中の「還精補脳《かんせいほのう》（射精せずに精気を背部から脳に逆流させる）」に関連させ、自らの身体内部での陰陽の合一であると説明している。このプロセス（小周天）によって「金丹」に変容し、聖胎として完成する。

第三段階の気から神へのプロセス（煉気化神《れんきかしん》）では、完成した金丹は、さらに「金（玉）液（交合後の腎液を、気管に沿って上昇させたもの）」を沐浴（周天の中止）させることで、真気を発するという。金液による還丹練形のプロセスがあり、それを金液還丹《きんえきかんたん》もしくは「大周天《だいしゅうてん》」という。その状態になると、純陽の真気が純陽の「神」に変容することで五臓《ごぞう》の神が顕現して上丹田で会合し、中丹田の真陰、下丹田の正陽が同時に上丹田に集うという。このプロセスは「金晶を飛ばす」方法で、身体内を陽火で充たし、陰邪をすべて焼き尽くすことを意味している。

内丹という身体技法を用いて、俗世の身体を脱ぎ捨てることで、本来的な身体（霊的身体）を浮かび上がらせていくのである。石田[19]は、この内丹のプロセスは「本来の自己に戻るプロセスである。とすれば、本来の自己を発見し、それに自己の全存在を集約するこの過程を、全く精神的な悟りの方向からとらえることも可能である」と論じている。このような不老長寿を目指した先達が、内丹などを用いて到達する高次な意識性、言い換えればスピリチュアル（霊的）な世界に触れようとしたことは容易に想像することができる。

第五章　気の心理臨床の視座

一　気の働きの構造

気の心理臨床においては、「気場」という概念が重要であることはいうまでもない。気場とは、人とモノ、人と人、人と集団、人と社会、人と自然など、関係性によって起こる気の働きのことをいう。言葉のニュアンスとして「雰囲気」あるいは「気配」などに近い感覚である。例えば、セラピールームの中で二者が対峙するとき、お互いが発する気が交流することで、その空間にある雰囲気を醸しだす。クライエントが醸しだす気から、セラピストはクライエントの非言語からの情報を得ている。この「雰囲気」をキーワードにまとめた高良聖の著書『雰囲気としての心理面接』[1]が出版されており、心理臨床の場面で、気の働きを対話の場面から解析した画期的なものである。高良は、「セラピストとクライエントの関係では、両者の醸し出す雰囲気こそが大切なのであって、決してことばのやり取りを一義に置くことはできない」と語っている。彼は言葉自体と言葉の使い方の奥に流れる雰囲気が、セラピストとクライエントの二者関係によってつくり出され、それを含めた面接全体に流れる空気を問題にしている。そして、刻々と変わる気の流れを臨床における十の対話の場面から見事にまとめている。高良は面接室という構造的に守られる場において、セラピストとクライエントの二者の間に醸しだされる雰囲気を「面接心性」と定義している。面接心性とは、「面接という場の関係性の問題、間の問題、面接中の空気、いわば面接の雰囲気の問題を包含している」[1]ことをいう。雰囲気についての内容だが、例えば、この雰囲気を支える要因として、語尾の使用と人間関係は密接につながっていることを、次のように高良は説明している。

セラピスト1「今日は元気がないみたいですね」
セラピスト2「今日は元気がないみたいだね」

「です」調と「だ」調というこれらの語尾には、セラピストとクライエントの関係性が見えてくるという。「です」調は、初期面接、年上のクライエントなどに用られ、「だ」調は、友好的、同年齢や年下のクライエント、親しみの感情が伴う場合に使用されている。相手に失礼がないように「です」調を用いたり、あえて権威の上下を持ち込むときに「だ」調を用いる。このような「です」調と「だ」調の言葉の奥に潜む「雰囲気」を感じて、読みとり、使うのか。これらの作業は瞬時にして行っている。このように言葉にならない（雰囲）気の働きを、意識あるいは無意識に私たちは臨床の場で行っているのである。

このような言語表現しにくい領域に心理臨床の癒しの力が働いている。その気の働きにどれだけ多くの若い世代の臨床家が気づくかによって、西洋で生まれた心理臨床学から「自文化の心理臨床学」に変換する時があることはいうまでもない。筆者は、日本の心理臨床の領域に、もともとある「気」の概念を導入した心理療法の関心が高まることで、日本のクライエントにより役立つセラピーができるようになるのではないかと考えている。

図5-1は、面接室における「気場」がどのようにつくられているかを示したものである。＃1は面接室のある環境（風水）について、＃2は面接室の気場、＃3はセラピストとクライエントの関係性によって醸しだされる気の働きを示している。これらの気の働きについて次に説明したい。

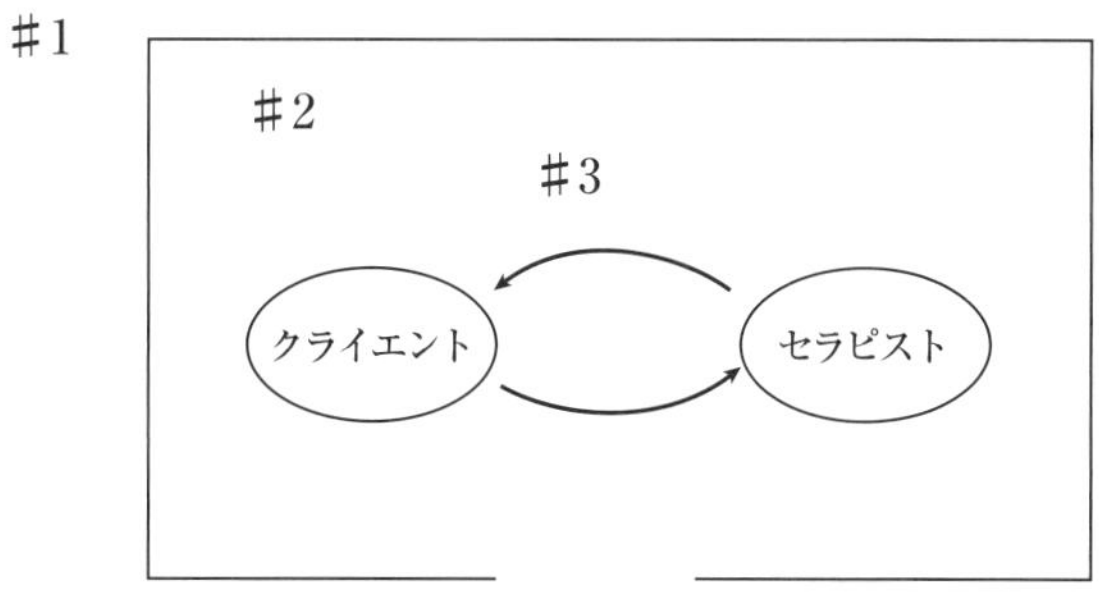

■図5-1　面接室における＜気場＞

1　面接室の風水

十六年前に、自宅での開業から、面接室を芦屋に移した。屋号も「心理療法オフィス」から「芦屋心療オフィス」に変えた。阪神間は山と海が近く、風が流れやすい地形になっており、特に芦屋は緑が多い。何も考えずに移った場所であったが、非常に心地よく臨床の仕事がしやすい。ここで気の場としての風水について考えてみたい。

渡邊(2)によると、風水とは、「天地の気の測定法」、つまり地形、風や水の流れ、方位などから、環境と人間の相関関係を精確に知ることによって、自然の動きに調和した人間の生活を組み立てる中国古代の特異な地理学である。大地にも気の流れが存在し、その流れを「龍脈《りゅうみゃく》」という。家や墓、都市をつくるときに、この龍脈に基づき、その場の吉凶を判断する術のことである。風水には、「龍」「穴」「砂」「水」の四つの原則があり、それらを総合的に判断する。「龍」とは龍脈《りゅうみゃく》のことで、主に山脈の形状のことであり、気が流れるルートのこと。「穴」とは龍穴のことであり、気脈を流れる気が集結するツボのことをいい、特に良い龍穴の地を「明堂《めいどう》」という。「砂」とは、龍穴から沸き上がる生気を散じないようにガードする周囲の地形のこと。「水」とは気の流通のことで、河川、湖沼、道路のことをいう。

風水における理想的な地形は京都であるといわれている。北には「玄武」としての北山、東には「青龍」としての東山、西には「白虎」としての嵐山、南には「朱雀」としての巨椋池（現在は消滅）、その先には甘南備山が位置している。京都の東西を鴨川と桂川の二つの川が巨椋池に注ぎ込み、一旦気を留めて再び緩やかに淀川として大阪方面に流れている。この地形はちょうど母親が両手で子どもを抱きかかえ、守る形になっている。

　風水の視点から、筆者の面接室のある芦屋の地形を考えてみると、北には六甲山、南は海があり、建物の西に芦屋川、東に宮川が流れている。ここまではよいのだが、実をいうと「砂」が弱い。周囲は低い建物で、面接室がある建物だけが非常に高く、六甲山からの風を直接受けることになる。ただここで救われるのは、南には駅ビルがあり、風が一気に駆け抜けるのを防いでくれていることだ。このように都会では、すべて風水の条件にかなった場所を探すことは実際問題として難しいのが現状である。それゆえ、ある程度条件の整った場所を選び、あとは個々で屋内の気の状態を観葉植物、天然石、家具の配置、さらには時間・方位を使って工夫し、部屋の気を良くしていくのである。

　風水には、場の状態を整える「巒頭法《らんとうほう》」と、時間・方位を住まう者と相性を良くする「理氣法」がある。筆者の建物は駅前にあり、地下に巨大な駐車場があり、空洞になっているため、地の気が建物に上がりにくく、しかも八階で大地から離れているため、土地のエネルギーを受けにくい。そこで地の気を補うために観葉植物を配置する必要がある。また天然水晶などをしかるべき場所に置くことで、場を清浄にし、生気に満ちた空間にしている。さらに理氣法を用いて、筆者の生年月日から割り出す十二支は丁酉（ひのと）になるがゆえに南東の方向はエネルギーが低くなる。面接室および書斎は、筆者の苦手とする方位を避け、相性の良い方位を使っているのである。

2 面接室の気の波動

筆者は日本で開業する前に、面接室づくりに関して、教育分析家のシーラからアドバイスを受けた。それは、

①　部屋を簡素にして、物を多く置かない
②　物は自然の素材で人工的な素材を避ける
③　観葉植物と天然石を置く
④　自分が癒される物を置く
⑤　お香で絶えず部屋を浄化する
⑥　音楽（ヒーリングミュージック）を流す

ということであった。これらのことは部屋の調気（気の調節）に非常に役立っている。写真の面接室でカウンセリングを行っている。筆者は開業時から、丸いテーブルと三脚の椅子を用いている。筆者が座る椅子は決まっているが、残りの二脚の椅子にクライエントが座ることになる。クライエ

ントは入口に近く、窓を眺められる位置に座ることになる。これは緊張した気分を和らげる効果がある。また丸いテーブルでは、筆者とクライエントの身体の一部がテーブルによって遮断されることはないが、テーブルによる距離が保たれる。このような微妙な椅子とテーブルの配置も気の流れに影響を与える。

また誰に教えてもらったわけではないが、水晶の原石を部屋全体の四隅に置き、筆者が座る位置に水晶の四点が合うようにしている。この水晶は原石でなくてはならない。風水師にそのことを話すと、「ピラミッドを部屋につくり、そのエネルギーを用いているのですね」と言われて、なるほどと思ったことがある。この方法は部屋の調気に効果が高いのでお勧めしたい。以前開業した数名の友人には、この方法を用いて部屋の調気を行ったことがある。

面接室

筆者が場のもつ気についてより考えるようになったのは、次の二つの出来事からである。一つは十一年前の阪神淡路大震災のときである。当時多くの人たちの自宅が全壊、半壊と判断され住めなくなり、家の中の家具や食器などがすべて壊れ使えなくなった。空間における何気ない自然な動作が、家具の配置などを含めてそれまでと異なり、無意識的な身体がとまどったことに気づいた人も多かったのではないだろうか。部屋という空間は、ただの空間ではなく、その部屋を使う人によってエネルギーが注入され、心理的であり身体感覚的な生きた空間である。二つ目は、私的なことになるが、母が亡くなり実家の整理をしているときのことである、実家の主人を亡くした空間は息吹が途絶えていると思えたのである。空間が生きているとは、その中で人が生活することで気の場が絶えず動き、生き生きしたものになっているのである。

面接室を治療的環境の場として捉えてみると、「物理的な環境」「心身的な環境」「霊的（spiritual）な環境」の三つの要素を含んでいる。(3) 物理的環境とは、部屋のサイズ、窓や扉の位置、椅子などの家具、絵画などの調度品、観葉植物など部屋を構成する要素のことであり、それら物質的なものは、クライエントの心身に微妙な影響を与えている。心身的環境とは、部屋の色調、音楽の波動、お香や花の香りなどの五感、特に視覚、聴覚、臭覚を通した要素であり、快・不快が心身に及ぼす影響のことである。霊的環境とは、セラピストの臨床家としてのアイデンティティ、信条、価値観、職人意識、考え方によって培われるものであり、クライエントの霊性（spirituality）に触れる心理臨床をセラピストが重視しているか否かによる。霊性に関しては、後に「四　心理臨床におけるスピリチュアリティ」（二八五ページ）のところで述べる。これらの三要素をつないでいるものが「気」の働きである。

3　セラピストとクライエントの気の働き

心理臨床とは、ディークマンよれば「二人の人格の出会いと話合いという力動的な過程である」(4)という。筆者はこの力動的な過程を、セラピストとクライエントが織りなす気の交流の領域であると捉えている。気の交流はラジオの選局を手動でするのと似ている。送信と受信があり、その両者がぴったりと合ったときに心地よい音楽が流れてくる。合わなければ単なる雑音だけが耳に触る。心理療法における気の交流では、セラピストはクライエントの受信につとめる。そこで重要なことはお互いの信頼関係である。信頼関係があればお互いの気が交流する。健康度が高い人ほど交流しやすく、病的な人ほど交流しにくい。動機づけが高い人ほど交流しやすいし、動機づけが低い人ほど交流しにくい。また治りたくない人は特に交流しにくい。治りたくない人たちは、今の時点で問題や症状が改善されるのを望んでいないし、改善すると困るからである。湯浅(5)は、「人間関係においては、感覚と意識の認知作用にかからない深層レベルにおいて、情報＝エネルギーの発信と受信が無自覚のうちに互いに行われているという可能性が考えられる」という。二者関係における気の流れは、ユングが「婚姻の四」と名づけた図に相通じるように思われる。次の図5-2は、ユングの図を筆者がアレンジしたものである。

セラピストの表層意識レベルをAとして深層意識レベルはA'、クライエントの表層意識レベルをBとして深層意識レベルはB'としている。①はクライエントAの表層意識とBの表層意識を表し、両者の表層意識レベルでの気の交流を示している。②は、Aの表層意識とA'の深層意識、Bの表層意識とB'の深層意識であり、自らの表層意識と深層意識の気の交流であり、閃きなどふと浮かび上がってくることや自問自答などが含まれる。③は、Bの表層意識とA'の深層意識、Aの表層意識とB'の深層意識であり、お互いの表層意識と深層意識の気の交流を示しており、思い（念）の強さは相手の深層意識へ、深層意識から表層意識への気の流れは感覚でキャッチしている。④は、A'の深層意識とB'の深層意識であり、

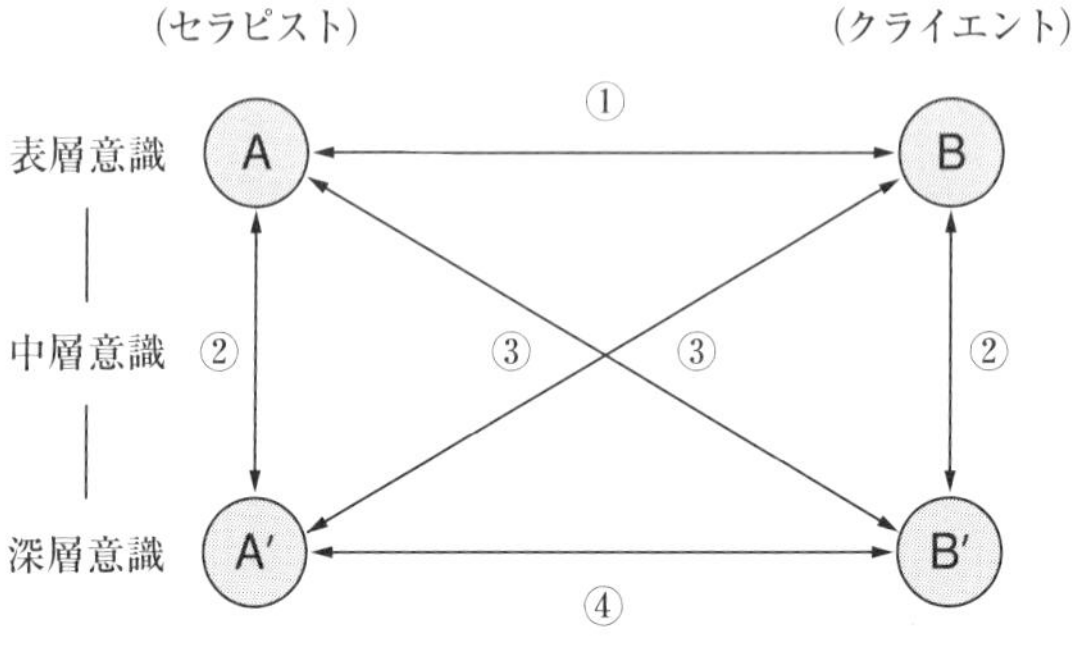

■図5-2　気の交流

お互いの深層意識の間で、「以心伝心」や共時的なことが起こる気の流れを示している。このようにセラピストとクライエントの間には、気の働きを通して、情報が伝達されている。

セラピー場面では、筆者はクライエントの話を聴きながら（図5-2 A→B①）、相手の語りや動作を観察している。そのとき、自分の体をセンサーにし、意識を緩めて「ボーッと」その人の全体を眺めるのがコツである。そうすることで、相手の気を全身で感じられるように思われる。また、セラピストは自らのこころの動き（感じること）（図5-2 A）とからだの反応（感覚）（図5-2 A'）が重要になる。セラピストが何となく「ひっかかる」気の働きを大切にすることだ。それはセラピーの流れの中で、ふと気になること、感じること、気づくことなど深層意識から出てきている（図5-2 A'→A②）。セラピー中にクライエントが涙を流したり、攻撃的になったり、落ち込んだりといった感情の起伏が現れることもある。例えば、クライエントが攻撃的になった場合、転移という深層意識に押し込めた親や影響を受けた人物に対する投影をセラピストに反映していると考えれば、図5-2 B→A①、B'→A③、B'→A'④と気が流れる。その逆もありうる。セラピストがクライントを受け止めているときは両者の気の交流（図5-2 AB①〜④）はスムーズに流れている。クライエントが涙を流しながら辛い体験を語り、セラピストが「辛かったね」と声をかけるとき、言葉（図5-2 A→B①）と響きとしての波動（図5-2 A→B'③）が起こっている。そのときセラピストは、クライエントの微細な気の身体に話しかけることだ。そしてクライエントの傷つき体験が深遠なほど、セラピストは言葉を失う。そのような言葉を失った空間に起こる沈黙の中に、癒しの気は流れる。

セラピストがクライエントを受け止められないとき、セラピストの気の流れは滞り、クライエントは深層意識でそのことを以心伝心でキャッチしている（図5-2 B'⇅A'④）。またセラピスト側も心身に反応が起こる。その反応の仕方はセラピストによって異なっており、クライエントの気に反応していると捉えればよい。クライエントの気（波動）が奇妙であれば、セラピストのいちばん弱いからだの部位に「ひっかかり」として感じるからだ。筆者の場合は目が疲れる、腹痛が起こる、息がつまる、眠気が起こるときに、クライエントの気に反応していると捉えている。このように自らの身体感覚反応からクライエントの深層意識をキャッチすることで、より安全なセラピーができるのである。

セラピーが終わり、玄関でクライエントを見送るとき、「無理しないでね」という言葉をかける場合が多い。この言葉はセラピストの思い（図5-2 A↓B①と③）である。また、ドアを開け背を向けたとき、その日のセッションの中で感じたことをこころの中でつぶやき、相手の深層意識へ送るようにしている。例えば、「元気になってね」「今は大変だけど、もう少しだからね」「必ず光はあるからね」など、祈りに近い思い（図5-2 A→B'③）は、相手の深層意識に伝わるように思えてならない。ときには合掌せざるをえないときもある。

このようにセラピストとクライエントの二者間で起こる気の交流は、煉丹術師が金属、薬物、薬草などを調合し、火と水を用いて卑金属を貴金属に変容する外丹のプロセスに似ている。また内丹における身体技法を用いて、自らの体内に金丹をつくるプロセスも同様である。

4　セラピストの気の感応

湯浅[5]は、情報伝達について身体の統合機能を神経生理学、分析心理学、東洋医学を統合した視座から、次の三つの回路に分けて説明している（図5-3）。ここで断っておかなければならないことは、筆者が表層意識、中層意識A、中層意識B、深層意識と付け加えている点である。

第一の回路は、「外界感覚—運動回路」であり、外界の知覚や思考の働きであり意識（表層意識）

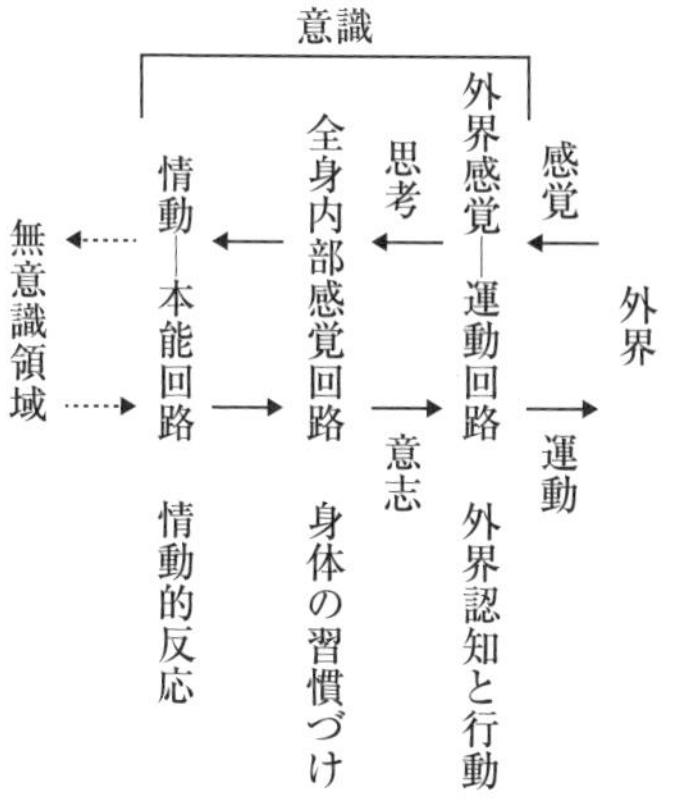

『気とは何か』[6]より

■図5-3　意識の伝達の回路

の中心として捉えられ、環境と身体の関係を示している。第二の回路は、内臓を含む「全身内部感覚回路」であり、皮膚の内側としての身体の状態であり、この身体感覚は意識（中層意識A）の周辺部分として身体が気づいている手足や腹腔の感じを現している。第三の意識（中層意識B）回路は、自律神経の活動に結びついた「情動―本能回路」であり、快・不快を現し、無意識（深層意識）の領域に対応しているという。これら外界からの刺激は表層にある「外界感覚―運動回路」から入り、「全身内部感覚回路」を通過し、最も低層にある「情動―本能回路」に達して情動反応を引き起こすと述べている。第一（表層意識）・第二（中層意識A）の回路と第三（中層意識B）の回路を結びつけ媒介となる第四の回路として、経絡系の「潜在的回路」があるという。それは普通の状態では自覚できない「気」の流れを感得し、認知するという。これは無意識（深層意識）下にある心の作用を、意識（表層意識）が認識し、こころの次元で意識（表層意識）と無意識（深層意識）を統合することを意味しており、生理的には「気」の流れを活発にし、「情動―本能回路」と関係の深い経絡と内臓系の機能を強化すると、湯浅は新たな視点を提示している。

次に、筆者の心理臨床の場における、「気の心理臨床」の方法を示したものが図5-4である。

セラピストがクライエントを観察する①では、セラピストは自らの意識状態を緩めて観察を行う。筆者は心理臨床の場で、「聞診《ぶんしん》」を用いて自らの五感を働かせ、クライエントの表情、色つや、動作などの「望診《ぼうしん》」、語る声の音調、息づかい、匂いなどを観察する。これは東洋医学における「神色《しんしょく》を診《み》る」ということであり、臨床経験に蓄積された観察である。この観察で重要なことは、クライエントの情報が、気の働きとしてセラピストの深層意識へ直接入ってくる領域、言い換えれば、セラピスト自身の②身体感覚と直観を重視することである。それは、前述した湯浅の第三の「情動―本能回路」がまず動かされている。そのときの深層心理の情報をもとにして、クライエントの話を傾聴しながら、面接から得た生育歴、生活歴、家族構成、既往歴など蓄積された情報が絡んでくる。またセラピスト側の逆転移のチェックも必要である。このようにクライエントの外的現実と内的現実を把握すると共に、セラピストの第一の「外界感覚―運動回路」や第二の「全身内部感覚回路」が働き、③様々な連想が起こってくるのである。それらの情報を、④思考で整理し、「今・ここ」で必要なことを語るといった⑤反応をするのである。これらの①~⑤の繰り返し

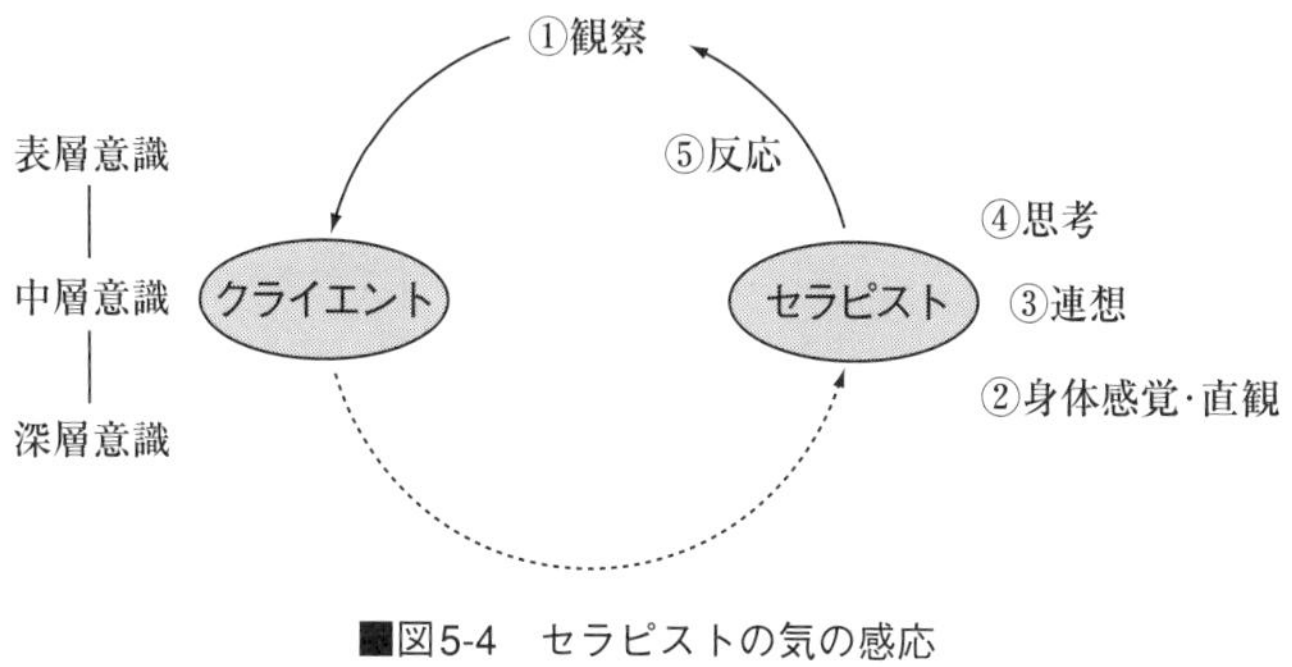

■図5-4　セラピストの気の感応

が、気の流れを促進させるセラピーである。ここで重要なことは、思考を先行させてはならないということである。セラピスト自らの身体感覚・直観を信頼することが、深層意識からの情報を感じ取ることを意味している。それは、面接中は表層意識と深層意識を結びつける第四の「潜在的回路」が常に働いていると考えられるからである。湯浅[(5)]は「気のエネルギーが無意識（深層意識）のレベルにおける情報の運搬者として外部に向かって働いているという仮説に対して、心理学的観点から一つの支持を与えることができる」と述べている。

5　境界線（バウンダリー）をつくる

筆者は、クリスタルのイメージ技法を臨床の場で用いている。これは数字の8の字に似ているので「フィギュアエイト」と呼ばれている。もともとこのイメージ療法は、否定的な人間関係の絆を切り離すために開発されたものであり、クリスタルが最もよく用いるシンボル（象徴）の一つである。多くの場合、誰もが、実生活の中で相手からの投影を引き受けており、これらの投影を切り離すために用いられている。

この技法（図5-5）は、目を閉じて、自分を中心に、腕を伸ばした大きさの円（サークル）を、床に自分を囲むように描くように視覚する。その円はネオンブルーの色（ネオンサインのような透明度の高い青い光）をイメージする。円の大きさは、両手を広げたぐらいである。

もしあなたがネオンブルーの円の中心に座っていることができたら、もう一つの円をあなたの前方にイメージする。あなたの円の左まわり（時計まわりと反対）の方向に流れているのを視覚化する。これで数字の8を描くことになる。二つの円は重ならないで、接触している状態を作る。この8の字をうまく描かなくても、ためらわずに何度もやればできるようになる。正確にできていると思っている人でも、フィギュアエイトのシンボルを床に描くのではなく、腰、胸、首、頭上に描いていることが意外によくある。8の字の青い光が流れ続けるように視覚化することができるように練習を行うのである。潜在意識は文字よりも絵やシンボルのほうが理解しやすく、意図したメッセージが受け入れられやすいと、クリスタルはいう。

■図5-5　フィギュアエイト

フィギュアエイトの技法は、否定的な関係性をイメージを用いて、無意識のつながりを切り離すのである。例えば、父親との問題を抱えているとすると、イメージの中で父親を呼び出し、あなたの前の円に視覚化する。イメージの中でその父親を見ていると、自律的にイメージが動き、円から相手が出て行ったり、こちらの円に侵入したりする場合がある。イメージでその円を切り離す作業を行うのである。そのようにすることで、心理的に否定的な感情を切り離すといった方法論である。

この円のイメージを、筆者はセラピストとクライエントの境界線（バウンダリー）として用いている。セッションが始まる前に自分の周りにネオンブルーの円をイメージで描いておく。クライエントの病態水準によって、一つの円あるいはフィギュアエイトを用いたりする。一つの円をイメージし、その円の中にクライエントを入れる。これは気という概念を用いるならば、セラピストとクライエントの気場をつくることになる。一つの円の中に入れるのは、健康的レベルから神経症的なレベルならば大丈夫である。しかし境界例レベルになると皮膚感覚を超えて一気にセラピストの無意識に入ってくるので、一つの円に入れると相手に侵入される。境界例のクライエントの多くはセラピスト以上に無意識領域に関する気の使い手であると考えたほうがよい。それゆえ、バウンダリーはフィギュアエイトを用い、自分の円を強固にし、接触した一方の円をイメージの中で意識的に遠ざけたりして距離をとるのである。この方法は、不安的な波動の統合失調症、侵入的な波動の境界例のクライエントなどに用いると有効である。より効果的な方法として、宗教システムであるが密教の教えの中に「護身法」という、マントラ、印、想念を用いた方法があり、境界例のクライエントには効果的である。

二　心理療法の視座

1　心身一如《しんしんいちにょ》の視点

西洋近代の心理学は、こころと身体を分けて、こころの構造とそのメカニズムを探求してきた。この心身二元論に影響を受けてきた私たちは、身体を置き去りにして心理臨床を行ってきたのではないだろうか。

心理臨床の場で、傾聴しながらクライエントを観察していると、クライエントをこころレベルと身体レベルに分けては考えられない。クライエントはこころの悩みを語ると共に、様々な身体症状を訴える。臨床家なら誰もが、身体の症状の訴えは姿を変えたこころの有り様だと経験的に知っている。東洋思想には、自然の中に人が存在し、人の中に自然が存在するという「天人相関《てんじんそうかん》」の考え方や、こころと身体は一つであるという「心身一如」の視座がある。気の心理臨床においては、

「心身一如《しんしんいちにょ》」の視点からクライエントを診《み》ることが重要になる。筆者は、「気」というキーワードを中心に心理臨床を行ってきた。そのプロセスでわかってきたことは、図5-6で示す心身図である。

縦軸は表層意識レベルと深層意識レベルを示し、横軸は身体とこころの領域を二分化して考えたものである。こころの領域での表層意識レベルは言葉で、深層意識レベルではイメージとして表現される。身体の領域での表層意識レベルは表情などを含む動作で、深層意識レベルでは感覚として表現される。また表層意識レベルでは、言葉と動作があり、それらをつなぐ主観的な側面としての感情がある。深層意識レベルでは、感覚とイメージがあり、それらをつなぎ感情の働きをつかさどる情動がある。中心には気の働きがあり、言葉、イメージ、動作、身体感覚はすべて気の働きの姿を変えたものとして捉えている。心理臨床の場でクライエントを観察した場合、見える姿にとらわれることなく、気の集合体として観察することが必要である。

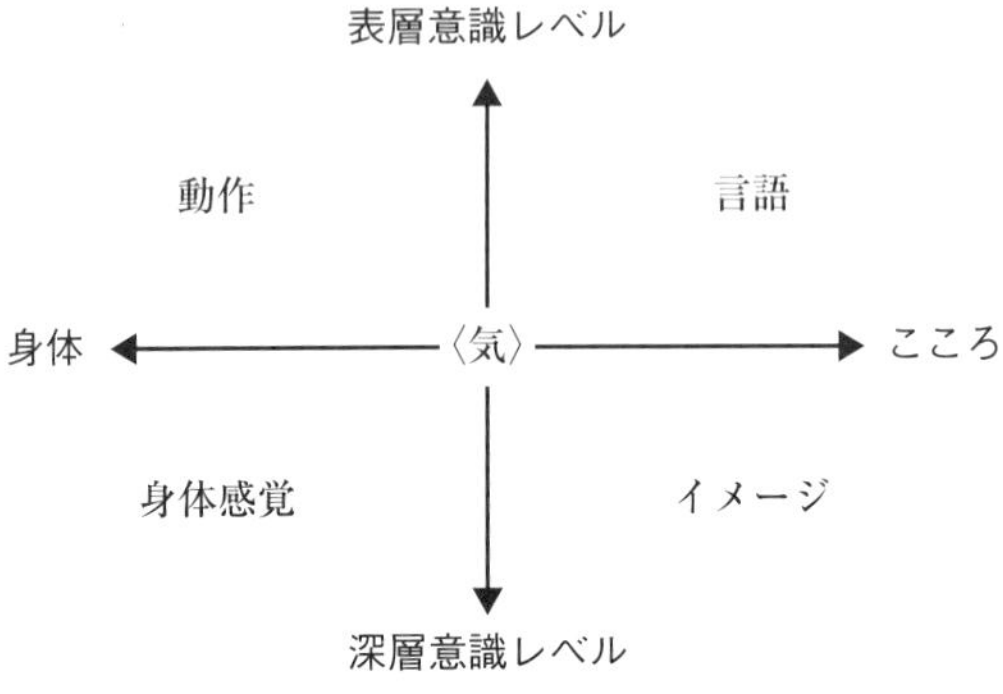

■図5-6　心身一如《しんしんいちにょ》の図

図5-7は、筆者が考え出した心理臨床における心身図（図5-6）と石田[6][7]の東洋医学における心身図を合成して作成したものである[8]。石田の図は、第二章図2-9（五六ページ）を参照してもらいたい。

図5-7では、私たちの動作や行動は「志」と対応し、その動きの奥には身体感覚としての「魄」があり、それらは肉体の根源である「精」とつながっている。こころ（陽）の側面に関しては、私たちが言葉を発するとき、思いや思考としての「意」がある。その背後にはイメージが働いており、日常レベルから高次な魂レベルまでが含まれている。それを「魂」と言い換えられる。「意」と「魂」を束ねる作用は「神」が行う。本来的には、精と神は根元では一体となったものである。

精は肉体の源であるがゆえに、両親から受け継いだ体質を引き継いでいる。そこに神が入り込むのである。神は男（陽）女（陰）の精気によって受精したときに、受精卵の中に宿る。心理臨床的にとらえれば、両親の問題がそこに入り込むと考えられる。男女がどのようにして出会い、愛

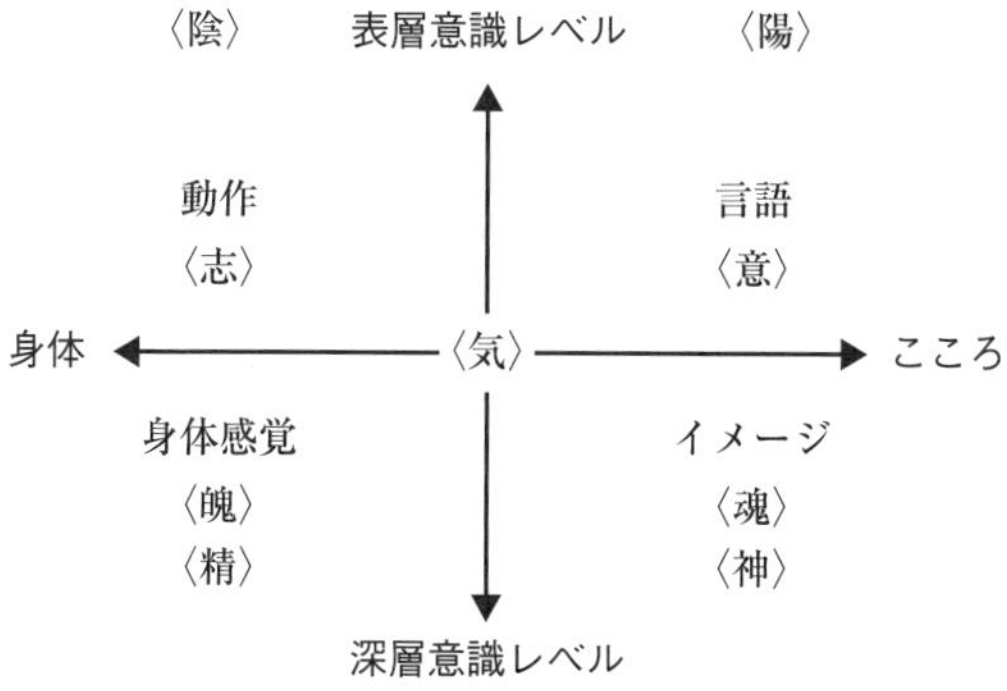

■図5-7　気の心身図

情をもって関わったのか。またその男女にも親がおり、その親がどのような価値観や信条をもち生き、子育てをしたかなど、世代伝播してくることも含まれている。心理療法では、親の性格、育て方、価値観などを整理することで、神の根源に触れることにもなる。精によって形づくられた肉体が成長すると共に神も発達していく。神は人間のすべての精神活動の要としての機能を備え、気の流れによって整えられる。このように考えると、魂、魄、意、志も気が姿を変えた形態にすぎない。ここに心理臨床でいう生育歴や生活歴などが問題となる。成長のプロセスで起こった出来事により、神が傷つき、そのため気の巡りが悪くなり、魂、魄、意、志というこころが身体と結びついた有りように影響を与えている。

2 心理療法と気功

筆者は心理臨床の場で、クライエントが語る言葉、湧き出てくるイメージ、何気ない動作、微妙な身体感覚はすべて気の働きとして捉えている。クライエントが訴える悩みや症状は、過去に起こった傷つき体験における気の反応から始まる。例えば、ショックなことが起こると、まず呼吸が乱れ、気の流れのリズムが変化する。それと同時に、意識の状態が微妙に変性することで内的なイメージが変化していく。このようなことがたびたび起こり持続すると、呼吸、筋肉収縮、姿勢などの

「体癖」につながり、身体感覚が鈍くなる。また感じ方、見方、考え方などの「心癖」につながるイメージが固定される。このとき気の流れ方がその人なりの法則性をもち始め、長期化すればするほど固着していく。その意味では、気は身体のある部位に滞りとして、またこころには人格の偏りとして生じてくる。このように滞り偏った気が解放されるには、無意識の働きとしての身体感覚とイメージの変容が必要になる。クライエントが心身で語る現象にはすべて意味があり、多くの「情報」がそこに織り込まれている。

図5-8を見ていただきたい。心理療法ではこころの領域を対象にして、主に言葉とイメージを用いてアプローチを行うことで身体に影響を与え、気功では身体の領域を入口として、動作と身体感覚を通してこころへの安定をはかる方法が用いられている。言葉、イメージ、動作、身体感覚を入口とした場合、心理療法の技法を考えてみると、言葉による一般的な対話カウン

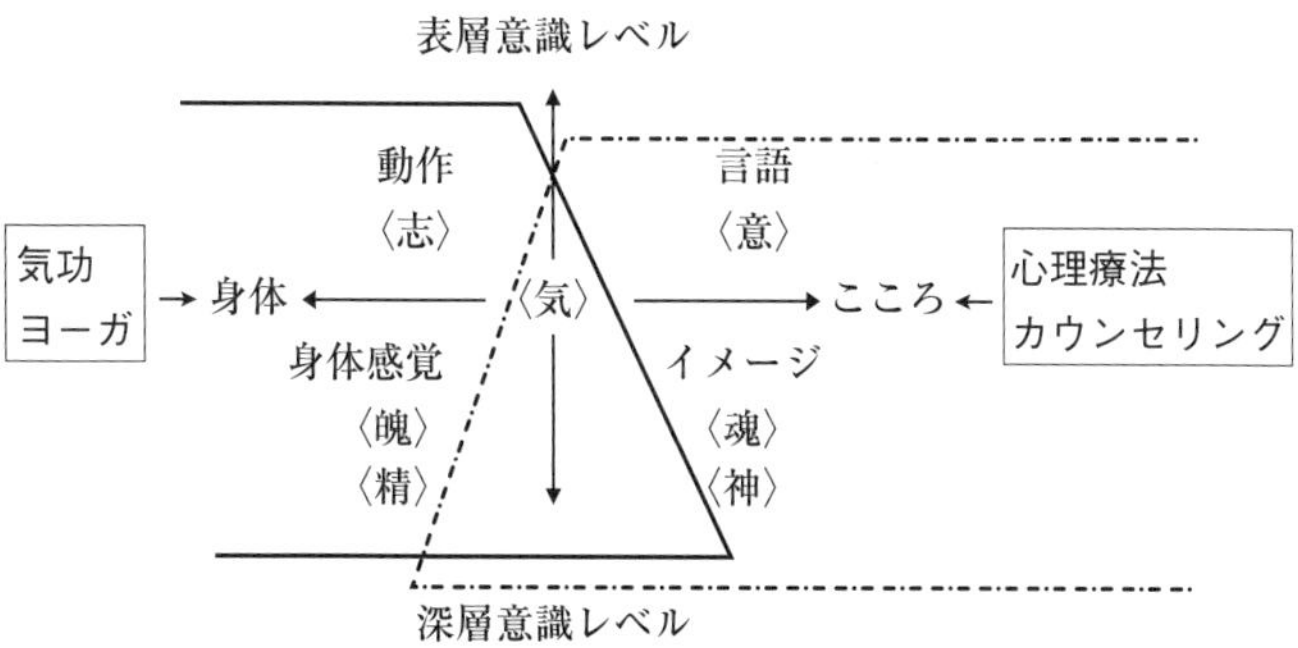

■図5-8　心理療法と気功のアプローチ

セリング、イメージに関わるイメージ法、表現療法、夢分析、動作に関わる臨床動作法、ダンス・ムーブメントセラピー、感覚に関わるフォーカシングに対応している。また身体からアプローチするアレキサンダーテクニック、バイオシンセシスなどのボディセラピーがあり注目されている。

実際の心理療法において、筆者は各領域を個別に捉えているわけではない。クライエントのすべての表現は気の働きとして注目している。話されている内容に伴って表情や動作が現れ、内的現実としてのイメージや身体感覚が奥では働いているのである。

また第四章で述べた「三つの次元の身体とこころ」（一〇二ページ）を参照していただきたい。身体には田嶌(9)が分類した現実感覚的身体、主観感覚的身体、超個的身体の「三種の身体」があり、それに伴う身体感覚がある。またその身体感覚に伴うイメージは現実的意識状態、主観的意識状態、超個的意識状態によって現れてくる。

セラピーではクライエントが最も訴えようとしている気の働きに注目し、「今・ここ」の流れに従っていく。カウンセリングの基本が傾聴することの意味は、クライエントが語れば語るほど気が動き始めるからだ。気が動き始めると、心的イメージと身体感覚に変化が起こる。心理療法とは不思議なもので、セラピストがセッション中の何処に注目するかによって、その流れが変わってくる。クライエントは心身の状態、気になる出来事、様々な思い、それに伴う感情について言葉を用いて表現する。その言葉にとらわれすぎると、クライエントの奥に流れているイメージや身体感覚は表出しにくいのである。

(1)　こころへのアプローチ

筆者はクライエントが部屋に入ってくるところから観察している。椅子に座り、クライエントに「いかがですか」と声をかけ、その日のセッションが始まる。クライエントはその日の話せる、あるいは話したいことから語り始める。話すときの声の響き（音量、強弱など）や感情の動きは気の働きであり、その波動にも意識を向けている。クライエントは自らの思いを語る。その思いをセラピストに受け止めてもらえたと感じたときに、はじめて浄化作用が起こる。また話しているうちに自分のことに気づく場合もあり、自己理解が深まっていく。このような変化は、クライエントを受け止めようとするセラピストがそばにおり、鏡の役割としてクライエント自身を映し出すように思われる。

話を聴いていて、例えば「母親が私を飲み込むようなイメージをもつのです」といった話が出てくると、そのイメージに焦点を合わせるときがある。「そのイメージをもう少し表現できますか」

と問いかけると、そのイメージにまつわる話が展開される。イメージに直接関わっていく必要があるときは、軽く呼吸法を行いリラックスさせ、目を閉じてもらい、イメージワークを行う。また、そのイメージを絵に描いてもらうこともある。夢の話が出てくる場合も、イメージを扱うのと同じ文脈だ。夢の話を聴くだけに留めるとき、夢の分析や夢のイメージワークを行うこともある。これもクライエントが夢に興味を示すか否かによって関わりが異なってくる。

イメージや夢を取り扱うことは、クライエントの深層意識にアプローチすることを意味している。イメージは大きく分けると、想像イメージと自発イメージがある。前者は意図的に思い描いて、意識レベルでつくり出すイメージのことであり、後者は深層意識から自然に浮かび上がってくるイメージのことであり自律的に動き出すのが特徴[10][11]だ。このイメージの自律性は情報伝達としての気の働きであり、癒しにつながるものだ。

イメージについて田嶌[11]は、心《こころ》の中に浮かんできた像と考えられがちであるが、五感を含んだ準感覚的なものであり、イメージを浮かべている自分の体験をも含んでいることを重視し、そのときの体験の仕方が問題であるとして「イメージ体験」と彼は呼んだのである。イメージ体験をしている本人にとって、ほとんど現実であり、ある意味では現実以上の体験であり、そのときこころと身体の全身で反応しているという。またイメージ体験過程において、障害や危機的場面に出会ったり、逆に安心する場面に出会ったりすることで症状や問題の軽減ないし消失の契機になることが多く、イメージ療法が首尾よく進むと、クライエントのイメージは生き生きと動きだし、治癒に至るイメージ体験の流れが生起するという。田嶌が言い始めたイメージ体験過程に癒しの道筋があるのは間違いない。筆者はイメージ体験過程を個を超えて働くトランスパーソナルな領域として捉えている。イメージ体験をしているとき、必ず変性意識状態と身体感覚の変容が起こっているからだ。

(2)　身体へのアプローチ

次に身体に注目してみよう。クライエントの座っている姿から身体の表現である動作、表情、呼吸などがうかがえる。動作が柔らかいか堅いか、表情が明るいか暗いか、呼吸が深いか浅いかが問題になる。セラピー中、クライエントが姿勢を変えたり、身体の部位（肩、胸、腹など）に触ったり、表情（顔色・目の輝き）を変えたり、ため息や激しい咳が出たり、涙や発汗する現象が起こるときがある。そのようなとき、クライエントの身体の表現に注目することで気の流れを捉えることができる。

例えば、「今、お腹を押さえているよね」と問いかける。クライエントの反応によって、①身体にまつわる話、②身体へのアプローチ、③身体感覚へのアプローチ、といった流れが起こる。流れの方向はクライエントに従っていくのである。

身体にまつわる話になると、昨日あったことが話されたり、幼い頃の話が出てくる場合もある。身体へのアプローチになると、身体の三焦《さんしょう》（四三ページ）に注目し、気虚か気滞かを見分ければよい。気虚ならば、外から気を入れる方法を教えればいい。気滞ならば、上焦に気が鬱滞していたら気を上から下に降ろし、中焦に気が鬱滞していたら上下の気の流通が遮断されるのでその滞りをとり、下焦に気が鬱滞していたら気を上に上げればよい。

また、身体のアプローチとして、胸にある膻中《だんちゅう》（中丹田《ちゅうたんでん》）というツボに焦点を合わす。このツボは任脈上にあり、心包経のつながりが大きく、心との関係性が高く、心は神明をつかさどるので、精神疾患が背後にあると考えられる。また、みぞおちの部位にうっ滞が生じていると上部の気を下部に降ろすことができず、胸の周辺に気が滞っている場合もある。身体に対して、筆者は気功法を用いている。クライエントの掌を自分の胸に当ててもらい、軽く目を閉じ、その部位に意識を向けてもらう。しばらくすると、掌と胸のあたりが温かくなってくる。これは自らが行う気の手当法である。長年の練功《れんこう》でわかったことは、ある部位に手を当て、しばらくしていると、自然に内気が集まってくるという現象である。あるいは、両腕を軽く開いて掌を少し外に向け、胸から腕を通り、掌の中心にある労宮《ろうきゅう》（心包経）というツボから滞った気を外に流すイメージを使うこともできる。

これは清気法といい、身体の気の滞りをなくす方法である。そのための気功、呼吸リラクセーションなどを行う場合がある。ときにはスワイショウ（甩手）（一五四ページ）をしながらセラピーをすると、身体を動かしているせいか気持ちもほぐれて話が弾む。

身体の感覚にアプローチする流れになると、例えば「胸に何かがつまっているようです」とクライエントが語れば、その部位に軽く掌を当ててもらい、目を閉じ、身体感覚を味わってもらう。これはフォーカシングのアプローチに近い。その部位にうっ滞した気が生じていると考えられる。その気感からイメージが浮かび上がってくる場合が多い。

(3)　身体へアプローチする気の技法

また、臨床では、「気のリラクセーション」と称して、呼吸法、スワイショウ、背骨揺らし、簡単気功を用いている。これらは気血の働きを活性化させ、心身をリラックスさせ、内気が高まる方法である。

特に呼吸法は多くのクライエントに教えている。続けられる人、途中でやめる人、覚える気のない人など様々である。呼吸がなせる技は不思議なものである。誰もがイライラしたときに溜息が出たり、疲れたときにあくびが自然に出たりして、無意識に心身調節を行っている。そのとき、誰もが腹式呼吸になっている。呼吸は自律神経を整えることができるといわれている。自律神経系には、交感神経と副交感神経があり、前者は身体を活動的な状態にし、後者は沈静するという相反する働きをしている。吸う息は交感神経に、吐く息は副交感神経に影響を与えている。多くのクライエントは、気が滞っているために呼吸が浅い。呼吸は心身をつなぐ「いのちの営み」であり、癒しのメカニズムの息吹ともいえる。

身体へのアプローチにどの技法を導入するかは、セラピストの見立てに関わっている。身体に出ている症状は身体にアプローチしたほうが解決しやすい。このような多彩な生命活動としての言葉、イメージ、動作、身体感覚を通して、クライエントの気の働きが最も顕著に現れている領域に焦点を合わせ、こころだけではなく身体を同時に診《み》る「心身一如《しんしんいちにょ》」の視座がこれからの心理臨床に必要であると考えている。

次に実際の心理臨床の場面で用いる呼吸法、スワイショウ、背骨ゆらし、簡単気功を説明しよう。これらのワークは臨床の場で行ったり、それらを教えて自宅で行ってもらっている。

a　呼吸法

呼吸法は、心身を落ち着かせる方法としてかなり効果が高い方法論の一つである。呼吸は自律神経系と関係しており、身体を整えることでこころを落ち着かすことができる。セラピーを始める前、落ち着きがない人の場合、イメージ療法を導入するときなど、臨機応変によく用いている。一回五〜七分ぐらいを目処に行う。

①　窓に向かって、椅子あるいは床に座る。

②　座ったままで、体を揺すぶったり伸ばしたり準備をする。

③　力を抜いて背筋を伸ばす。

④　軽く目を閉じ、瞼の裏を眺める。

（注）瞼の裏に映る外の明るい光をしばらく眺め、気持ちを落ち着かせる。

⑤　呼吸法を始める。

（注）ⅰ　呼吸は必ず吐くことから始め、口から吐き、鼻から吸う。

ⅱ　吐くときは自分の疲れ、イライラなどを吐き出すつもりで、吸うときは瞼の裏の光を見ながら呼吸をする。

ⅲ　ゆっくり深く、自分のペースを忘れないようにする。

⑥　次に、吐く息吸う息に意識を向けながら呼吸をしばらく続ける。

（注）吐くときは口から空気が出ていき、吸うときは鼻から空気が入ってくるのを追いかける。

⑦ 次に、下腹部（丹田《たんでん》）に両手を置き、掌とお腹の接触点に意識を向け呼吸を続ける（図5-9）。

（注）息を吐くとお腹がへっこみ、吸うとお腹が膨らむ。しばらくすると、掌とお腹が暖かくなってくる。

⑧ 普通の呼吸にもどして、もう一度、瞼の裏の光をしばらく眺める。

⑨ ゆっくり目を開く。

⑩ 見える（視覚）感じ、こころと身体の状態をチェックする。

⑪ 終わる作業（収功）として、必ず全身をさすったり、軽くたたいたりする。

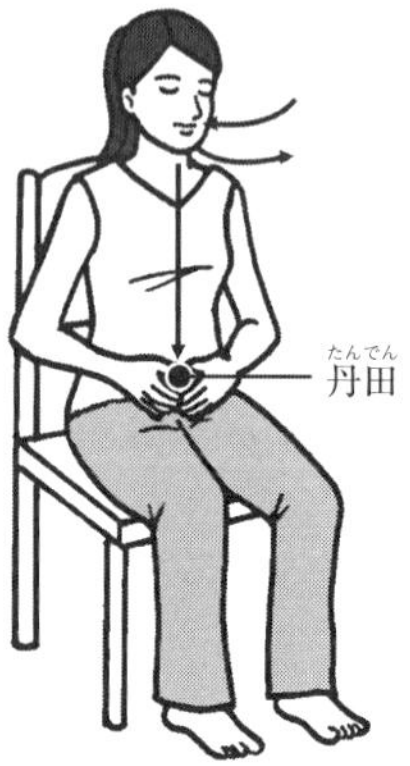

■図5-9

b スワイショウ（甩手）

スワイショウは、両手を前後に動かす「前後のスワイショウ」と、腕を左右に回転させる「ひねりのスワイショウ」が一般的である。シンプルな気功法であり、同じ動作の繰り返しが変性意識状態をつくることで脳波を安定させ、自律神経を整えることができる。この動功《どうこう》は肩がほぐれて、首の血行が良くなり、全身がリラックスしていく。ときには、スワイショウをしながら対話をすると、話が促進される場合が多い。

◉前後のスワイショウ

① 足を肩幅に開き、膝をやや緩め、上体をまっすぐに保ち立つ。

② 重心を低く保ったまま、肩の力を抜いて、両手を揃えて前方に動かす（図5-10）。

③ 腕の力を抜いて、後ろに振り下ろす。

④ そのまま前後に振り続ける（図5-11）。一〇〜一五分。

◉ひねりのスワイショウ

① 足を肩幅に開き、膝をやや緩め、上体をま

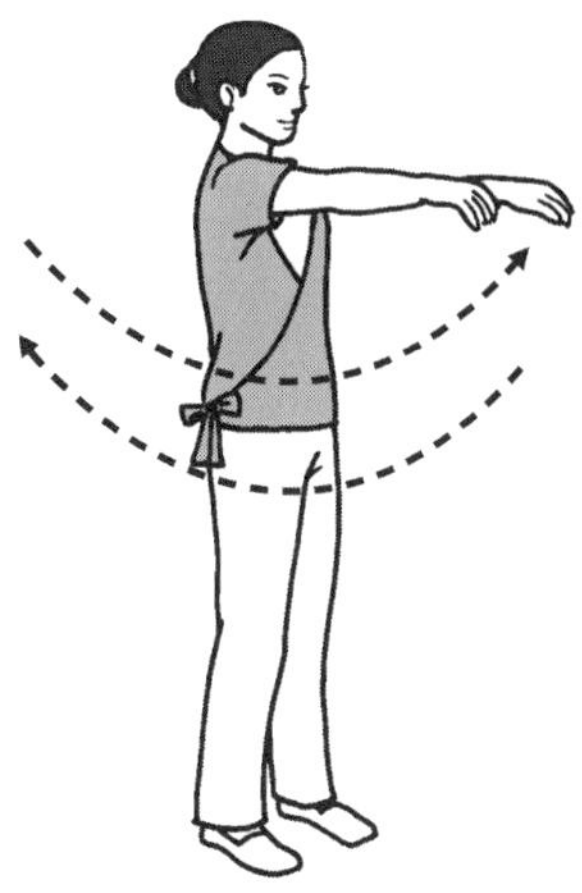

■図5-10

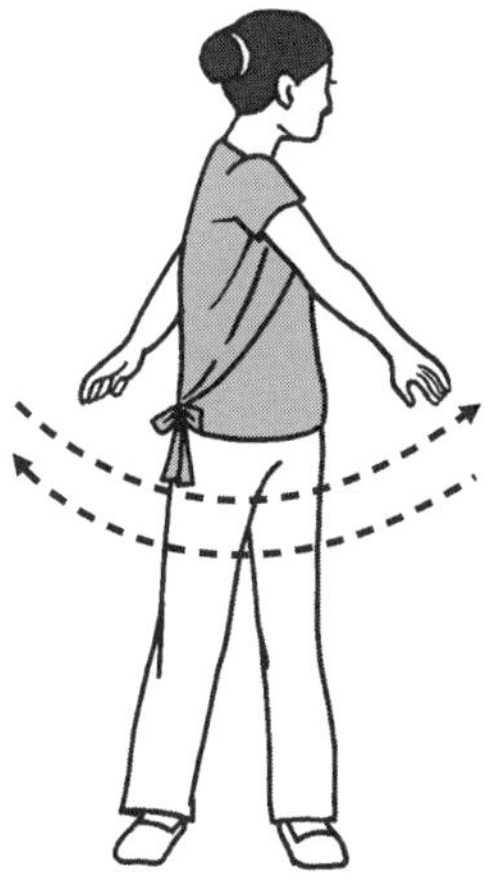

■図5-11

っすぐに保ち立つ。
② 腰を左にひねりながら、両腕を身体に巻き付かせる。
③ 腰を右にひねりながら、両腕を身体に巻き付かせる。
④ そのまま左右に腰から背骨、腕へと動きが伝わるように振る。一〇～一五分。

c　背骨揺らし

この技法は気功家の津村喬氏が開発した方法であり、背骨を動かすことで、血行を良くし、気血水の働きをうながすことができる。特に気の滞っている部位に効果的である。

① 背骨を伸ばして椅子に座る。
② 背骨を左右に揺らす。
③ 背骨を前後に揺らす。
④ 背骨を右に回す。
⑤ 背骨を左に回す。
（注）海藻が揺れるイメージで、腰を中心にして背骨を揺らす（図5-12）。揺れ幅の大小、

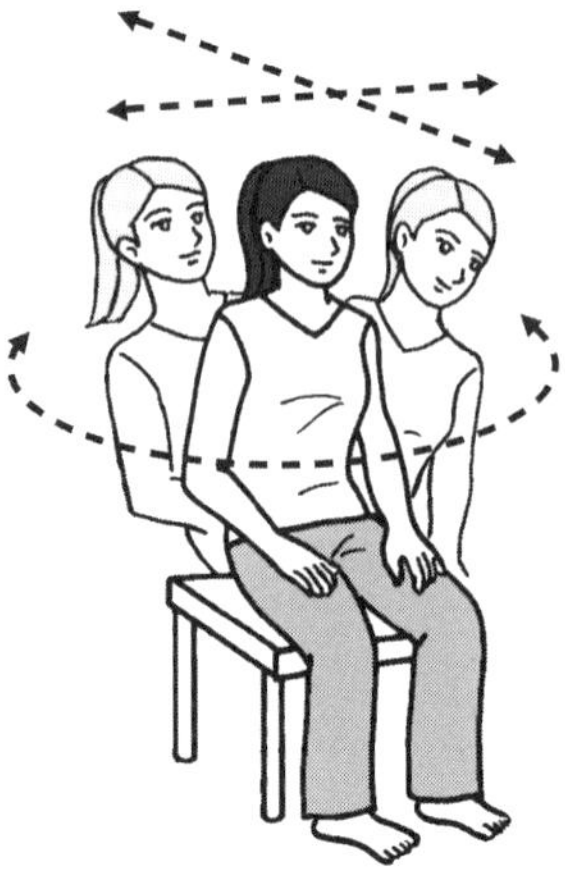

■図5-12

動かすスピードなど「気持ちがよい」ことが大切。背骨揺らしによって全身の気を巡らすことができる。

d　簡単気功

この気功法は筆者が考えた方法である。地の気と天の気を身体の中を通して浄化して、外気を集めて、丹田《たんでん》に入れ、その外気のエネルギーを全身に充満させる。動作と共に意念と呼吸が必要である。この気功は天地とのつながり、天地の気、気を丹田に集めるといったことを通して、気のレベルを高める方法である。

① 肩幅に足を広げて、静かに立つ。
② 大地を踏みしめ、天につながる自分（天・地・人）を意識する。
③ 掌を大地に向け、地の気を感じる（図5-13）。

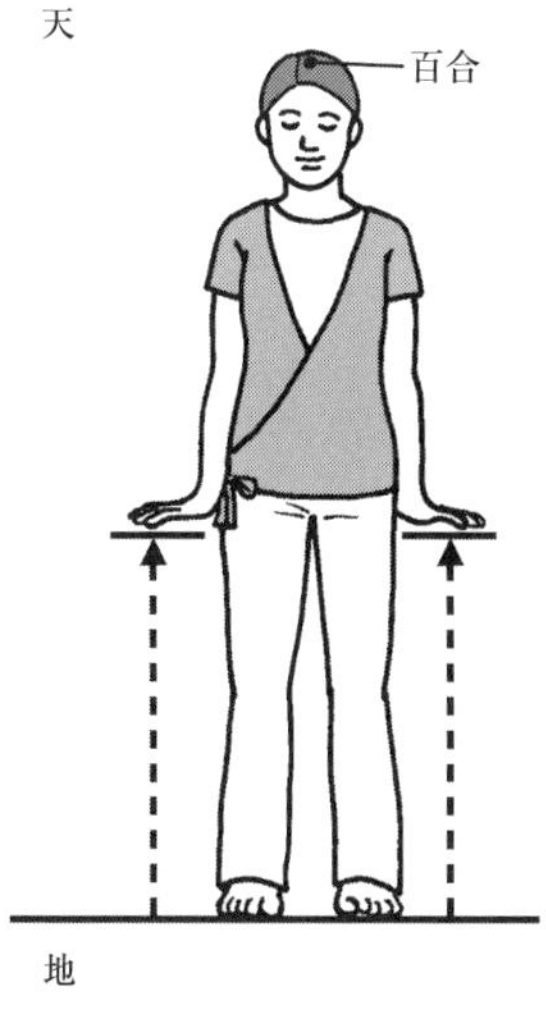

■図5-13

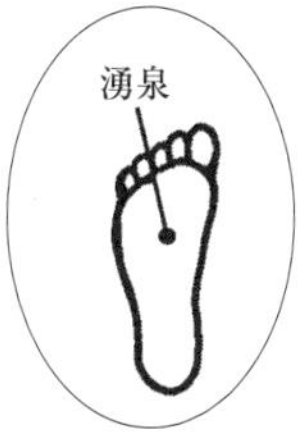

■図5-14

④　地の気を、腕の動作と共に、足の裏（湧泉のツボ）（図5-14）から身体の中を通し、頭上（百合のツボ）に出す。

（注）呼吸は湧泉から百会までは吸い、百会から出すときは吐き出す。

⑤　天に向けた掌に天の気を感じる。

⑥　天の気を、腕の動作と共に、頭上から身体を通し足の裏から大地に流す。

（注）呼吸は吐く。

⑦　両腕を動かし、身体の周囲にある気を十分に感じて、つかみながら次第に球体にする。

⑧　その気の大きなボールを、野球のボールぐらいの大きさに圧縮する。

⑨　圧縮した気のボールを丹田《たんでん》（下腹部）に納める。

⑩　納めた気を身体の中に拡げ、十分味わい、身体の中から外へと宇宙大に拡げる。

3　精・気・神の心理臨床

筆者は、面接室を「煉丹術」を行う場として捉えている。面接室という「場」は外丹における壇の上に載せた爐《ろ》と鼎《てい》を組み合わせた「空間」に例えることができる（一〇八ページ）。爐《ろ》という空間の中で、クライエントがもち込んだ悩み、問題、体験などがセラピーの内容であり、それらが金属や薬物に相当している。またクライエントの様々な感情を「火」に例えるならば、セラピストはその感情を調和させる要素としての「水」の役割となる。また、火を鎮静することで、蒸気が発生し融和させる。またクライエントの悲しみの涙（水）をセラピストが暖かな気持ち（火）をもって変容させることもできる。そのとき、お互いの感情や情動が動いている。クライエントの心的なエネルギーを丹（本来的な自己）に生成（成長）するスピリチュアルな意識性をもって関わっていく場（器）なのである。その場をより効果的にするには、セラピーでは二者間の関係性を中心に、クライエントの自然（自己）治癒力が活性化されるように援助する。セラピーの場においては、表層に現れた症状や状況を超えた向こうに潜む意味を捉えようとする。それにはクライエントの内に潜む可能性や潜在性に目を向け、自然な治癒プロセスを支持することで、自己成長や霊的な目覚めが起こるのである。

気という視座から心理臨床を模索していると、面接室の「場」を身体に例えるならば、クライエント自らが身体技法を用いて内丹を試みることをしなくても、セラピストとクライエントの気の交流がクライエントの丹を練り上げると考えられる。その二者関係の気の交流を通して、クライエントは「築基《ちくき》」「煉精化気《れんせいかき》」「煉気化神《れんきかしん》」「煉神還虚《れんしんかんきょ》」の四段階を経て、「虚寂無為」に至る自己成長のプロセスをたどるのではないかと思われる。

第一の「築基《ちくき》」とは、基礎的な気功の行法であり、精・気・神を正常な状態に回復させるための段階である。これを心理臨床的に読みかえると、臨床の場における面接構造（治療契約、面接時間、面接室など）が心身を調える準備の場として捉えられるように思われる。例えば、引きこもりの青年がいたとしよう。人目が気になり外出することすらできない。このようなケースの場合、セラピーに通うために、昼夜逆転の生活から睡眠リズムを正常に戻し、それに伴う食生活も次第に変化せざるを得ない。もちろん病態水準と動機付けによって異なるが、玄関から一歩出る恐れは強固なものがある。外出することで、外界の空気に触れ、人と行きかいながら面接室に通ってくる。セラピーを受けるだけでも運動量は増える。また、セラピーを週一回あるいは隔週受けるという生活リズムが定着してくる。家族以外の人と語らなかった状況から、セラピストという他者と語るという状態が起こる。時には子供化して、妙に親に攻撃性や依存性を向けるといった一見問題行動ともみえるような現象を起こすこともある。しかし、そのようなプロセスから親との心理的な関わりが再び始まり、幼かった頃の安心感を取り戻すことになる。またセラピストの関わり方次第で、クライエントの不規則な睡眠や食生活、不摂生が次第に自然のリズムに戻り「精」としての身体が正常に機能してくる。これは内経図（図４-４）（一〇四ページ）に描かれた下丹田《かたんでん》の男女の精が交わり、育まれ調和していくイメージに類似したものでもある。

第二は、精を鍛錬することで気を純化（煉精化気《れんせいかき》）する段階である。内丹における任脈・督脈に沿って上下に循環させ反復運行させる行為は、心理臨床では、セッションを重ねて対話を続けていくことと似ていると思われる。セラピーの中で、クライエントが自らの悩みや抱えた問題（陰＝影）を語ることから、向かい合わなかった、あるいは向かい合えなかった問題に直面していく。自分のアイデンティティ、仕事、男女間の問題、などクライエントが語れば語るほど、自らが抑圧していた陰気が動き出し、二つの方向へ気は働く。一方は、陰気が体内から外に出て浄化され、少し客観的な眼で自分を俯瞰できるようになる。他方は、抑圧した気（陰）と本来的な自分に戻ろうとする気（陽）が反復運動することで、混乱も起こってくる。煉精化気では気を任脈《にんみゃく》・督脈《とくみゃく》に沿って上下することで、精を気と交わらせて純化させることである。「先天の気」である下丹田の腎（陰気）が、心の君火（陽気）と相交すると、精気は増幅されて、より力強い真気になると共に、腎と心のバランスが悪いと葛藤状態をつくる。そのようなプロセスから、新たに芽生えてきた客観的な自分の葛藤を徐々に変容させながら、「丹」の力を増大させていく。これは内経図に描かれた中丹田の風景である。大地に根を張った生い茂る木々、天の川や北斗七星といった、大きな自然の客観の中に自分を照らすというイメージは、精神的に成長してきた自分自身に相当する。

第三は、気を鍛錬することで神を純化（煉気化神《れんきかしん》）する段階である。内丹においては、先天の気の陰の性質を煉って純陽にする段階であり、陰の要素が取り除かれ、金丹（聖胎）ができることを意味する。心理臨床においては、セラピーを重ねていくと、身体に流れる気の変化がこころの変容をもたらし、自己認識、現実感覚、人間関係などに影響を与え、自らのいのちの働きとしての「神」を活性化させ、リアリティを変えていくと考えられる。それは、自我レベルで物事を捉えていた視点から、より流れに従うという自己受容が起こっているともいえる。

第四は、神を鍛錬することで虚に還る（煉神還虚《れんしんかんきょ》）という段階であり、それを経て「虚寂無為」に至るといわれている。この段階では神と気は合一し、金丹はすでにつくられており、本来的自己が現れていると考えられる。これは真気を純陽の「神」に変容することで、世俗のとらわれから解放され、悩みや問題がすべて幻影であるという認識である。その瞬時、クライエントは自らの魂に触れているように思われる。そのような状態は、あるクライエントが語った「（自分の状況は）何も変わっていないが、（現実感の）すべてが変わった」というリアリティの変容が物語っている。これはまさに内経図の上丹田に描かれる悟りの様々な図に近いイメージである。

このように内経図に描かれる小宇宙とは、まさに心理臨床の中でクライエントが体験するイメージの変容そのものであり、煉丹術での個々の精・気・神を合一するために丹を練り上げていくプロセスと類似する体験と考えられる。このことからも、内経図が「心身一如《しんしんいちにょ》」の世界観を現したものだと実感させられる。

気の心理臨床では、クライエントの気が鍛錬されることにより、「築基《ちくき》」「煉精化気《れんせいかき》」「煉気化神《れんきかしん》」「煉神還虚」の四段階を経て、「虚寂無為《きょじゃくむい》」に至る自己成長のプロセスをたどることを目指している。

三　初回面接の重要性

1　初回面接に至る過程と目的

初回面接に至るまでの過程は、クライエントが相談機関を探し、電話をかけ内容を確認し、予約をとり、初回面接日に至るという経過をたどる。相談機関を探すには、電話帳、ホームページ、医師の紹介、知人の紹介、カウンセラー紹介の本、口コミといった方法がある。クライエントの問い合わせと予約は、電話が一般的であるが、最近はメールで入ってくるのが増えている。問い合わせの内容は、セラピーに関することでは、診察の日時、場所、料金などが多い。セラピストに関することでは、性別、年齢、臨床心理士資格の有無などである。セラピー内容については、クライエントが現在の問題や症状を語り、それに対して対応可能か否か、セラピーの頻度、治療期間、方法論、心理テストについてなどの問い合わせである。また、子どもが引きこもりで連れていけないが親が相談に行ってもよいのか、本人だけでなく家族同伴でもよいのか、幼い子どもがおり面接に同伴させてもよいのか、セラピーを受けることを家族に知られたくないのだが、といった様々な質問がある。ほとんどのクライエントは自分が気にしていることを聞いてくる。これらの質問を通して、電話でのクライエントの語りから、本人像と問題を捉えることが最初の重要なポイントになる。この時点から、すでにセラピーは始まっており、相手の気（情報）を読みとるのである。

初回面接に至る過程では、クライエントの「動機づけ」が問題になる。本人が自分の問題や症状の改善を積極的に望んでいる、親や友人に勧められた、医師の紹介での来談など様々である。もちろん動機づけが高いクライエントのほうが治療の枠組みに乗りやすいのは当然のことである。動機づけが低い場合には、クライエントなりの理由があり、その理由をセラピストがいかに理解するかにかかっている。親子が来談する場合、親が子どもに何の目的でセラピストを訪ねるかを伝え、その反応を含めて、初回面接日までに家族間で語られていることが好ましい。子どもにとっては、不安な日々を送る場合が多いからだ。

初回面接の目的は、クライエントの関係性を構築しながら、クライエントが抱えた問題を明確にし、その問題に対して治療目標を共有するといった治療同盟の形成を目指す。(12)クライエントの繊細なこころの問題に触れるには、クライエントの関係性の構築が最も重要であり、「信頼関係」がなければセラピーは成立しない。クライエントは自分の問題や症状を理解して、受け止めてくれるのかと不安を抱いてセラピストの前に現れる。そのような心理的状態のクライエントにセラピストは出会うのである。その意味では、セラピストの価値観、生き方、人生観、信条、人間性が問われる専門職である。ロジャーズの来談者中心療法に、基本的な三つの態度として、受容、共感、自己一致がある。この三つの態度は、セラピーが展開する条件としての治療論であるが、クライエントとの関係性の構築の基本としても言い換えられると思う。クライエントの問題の明確化について、筆者はクライエントの主訴を中心に、現実に現れている表層の症状、状態、状況を整理し、深層に潜む意味を捉え、説明する場合が多い。そして、治療目標を立てるのである。

2　心理臨床と東洋医学における診断

心理臨床において心理アセスメント（見立て）は重要であることはいうまでもない。心理アセスメントとは「臨床心理学的援助を必要とする事例（個人または事態）について、その人格や状況および規定因に関する情報を系統的に収集、分析し、その結果を統合して事例への介入方針を決定するための作業仮説を生成する過程(13)」であると定義している。クライエントから、いかに情報を総合的に収集、分析し、介入するのかということが問われる。その方法として、次のようなものがある。

① 対話を通して情報を得る面接法—クライエントの物語を聴くことで、情報を得る方法であり、クライエントの心身の状態、現在の生活状況、人間関係の力動などを得ることができる。

② 行動や表情を読みとる観察法—非言語メッセージとしての距離間、姿勢、表情、身振り、声の調子などを観察する。これら表層に現れる非言語の雰囲気から、より深層意識の情報を捉えるように心がける。

③ 心理テストから結果をみる検査法

④ 精神病理学の診断

これら四方向からの情報を統合して、臨床像を浮かび上がらせて見立てを行うのである。そこで大切なことは、病識があるか否かと、病態水準の問題である。病識とは自分の心身の状態が健康時と異なり変調をきたしているという自覚のことであり、病態水準とは精神病理を理解するときの枠組みであり、パーソナリティ構造、自我境界水準などから病理の深さを判断する基準のことである。米倉(14)によれば、健康的なクライエントは病識を当然もっており自我境界は柔軟、神経症水準のクライエントの病識は強く自我境界は硬化、境界例水準のクライエントの病識はあいまいで自我境界もあいまい、統合失調症水準のクライエントの病識は弱く自我境界は未分化で混沌としているという。

次に、東洋医学の「四診」という診断法には、精神状態、顔の色つや、舌の状態、姿勢など目によって観察する「望診《ぼうしん》」、声の状態や臭いをかぐ「聞診《ぶんしん》」、診断に必要な身体の状態を聞く「問診《もんしん》」、脈をとり、身体の部位を触れて診《み》る「切診《せっしん》」があることは、すでに第二章（五七―五八ページ）で取り上げたので参照してほしい。

表5-1は、心理臨床の心理アセスメントと東洋医学の四診を対応させたものである。面接法と問診《もんしん》では、問題がいつ発生し、どのような経過をたどり、現在の状態を中心に人間関係を含めて聴く。観察法と望診《ぼうしん》・聞診《ぶんしん》については、視覚による非言語のメッセージを捉えることが主眼におかれている。両者の違いは、東洋医学では「神色《しんしょく》を診《み》る」といわれており、精神活動の現れを気のレベルで診ている点が異なる。音声の強弱、高低、なめらかさ、かすれなどについて観察しているが、体臭や分泌物などから心理臨床では病を考えることはしない。心理臨床では、基本的にはクライエントの身体には接触しないが「臨床動作法」は身体へのアプローチから心理的な領域へ向かうものとして注目されている。心理臨床においては、精神医学の病理からアセスメント

■表5-1　心理臨床と東洋医学の診断法

心理臨床	東洋医学
面接法 観察法 検査法 ――― 病理（精神医学）	問診 望診　聞診 ――― 切診（触診・脈診） ―――

することも重要である。このように心理アセスメントと四診には違いがある。

特に筆者は、クライエントの身体から発する非言語としての情報を、治療者の五感を通して、気の働きを感知することを試みている。クライエントの非言語であるメッセージとしての距離間、姿勢、表情、身振り、声の調子などの観察、これら表層に現れる非言語の情報を頼りに、深層意識の情報を捉えるように心がけている。

気の心理臨床では、心理アセスメントと四診（切診《せっしん》を除く）を用い、精神症状と身体症状を同時に診ている。日笠(15)が述べる診断のための原因検索と病態検索という言葉を借りるならば、病邪としての内因と、それを引き入れた身体環境という条件を心理臨床においても行っている。①症状が起こったきっかけ（原因）とは何か、②それを増悪させている要因としての、パーソナリティ、ストレス耐性、生活歴、生育歴、病理性、体質、体力などを診ていく。

張(16)によると、望診《ぼうしん》とはクライエントの外部に表現される、「神」「色」「形」「態」を有力な根拠とし、五臓六腑《ごぞうろっぷ》の状態の反映として、それらの精気の衰退の現象として捉えている。言い換えれば、内臓の気の働きを外部の現象の働きとして捉えることができる。

クライエントを観察した瞬時に浮かび上がってくるイメージ（＝気の情報）が重要であると筆者は考えている。これは、身体表現の奥に流れる気を診《み》ることを意味している。張(16)は、臨床的には神を観察（望神）するとき「得神」「失神」「仮神」の三つの神の状態に分類できるという。得神とは、「精神状態は良好で、意識はハッキリしている。思考活動も敏速で、整然としている。顔面表情も自然であり、両眼も活き活きとしている」状態といい、失神とは、「精神状態は萎縮しており、意識は朦朧としている。思考活動は混乱しており、その反応も遅鈍化している。顔の表情も漠然としており、両眼の光も暗澹《あんたん》としている」状態といい、仮神とは、「病気の最終段階に出現する一種の仮の現象である」状態であるという。

このような「望診」から入ってくる情報を「問診」を加味して、より正確に見立てを行う。望診《ぼうしん》は治療者側の五感から推測された心身の情報であるのに対して、問診は主にクライエントの主観が多く入る。クライエントの身体から発する非言語としての気の働きを治療者の五感を通して感知する意味は大きい。

3　気の心理臨床の過程

（1）　心理臨床の流れ

心理臨床に東洋医学的な視点を導入すると、図5-15のような治療的プロセスを示すことができる。クライエントのこころと身体を分離させないで、心身一如《しんしんいちにょ》の視点から診《み》る重要性は何度も繰り返して述べている。クライエントの身体レベルでは、不眠、食欲不振、頭痛、腹痛、様々な不定愁訴などが表層に現れ、深層では気血水の働きが五臓六腑《ごぞうろっぷ》に影響を与えている。こころレベルでは、辛い、苦しい、不安、恐れなど心理的な要因としての七情をチェックすることになる。このような心身の訴えがクライエントの問題としてセラピストに伝えられる。その象徴的な訴えが主訴になる。

　セラピストはクライエントの訴えや物語から見立て（診断）を行う。それに対して、筆者は臨床心理学のアセスメント法と東洋医学の四診を組み合わせている。セラピーに関しては、クライエントの気の状態（気滞、気虚など）を言葉、イメージ、動作、身体感覚などから判断していく。では気の心理臨床における初回面接のプロセスを実際の臨床場面ではどのように行っているのかを次に述べる。

　クライエントは何らかの問題や症状を抱えてセラピスト

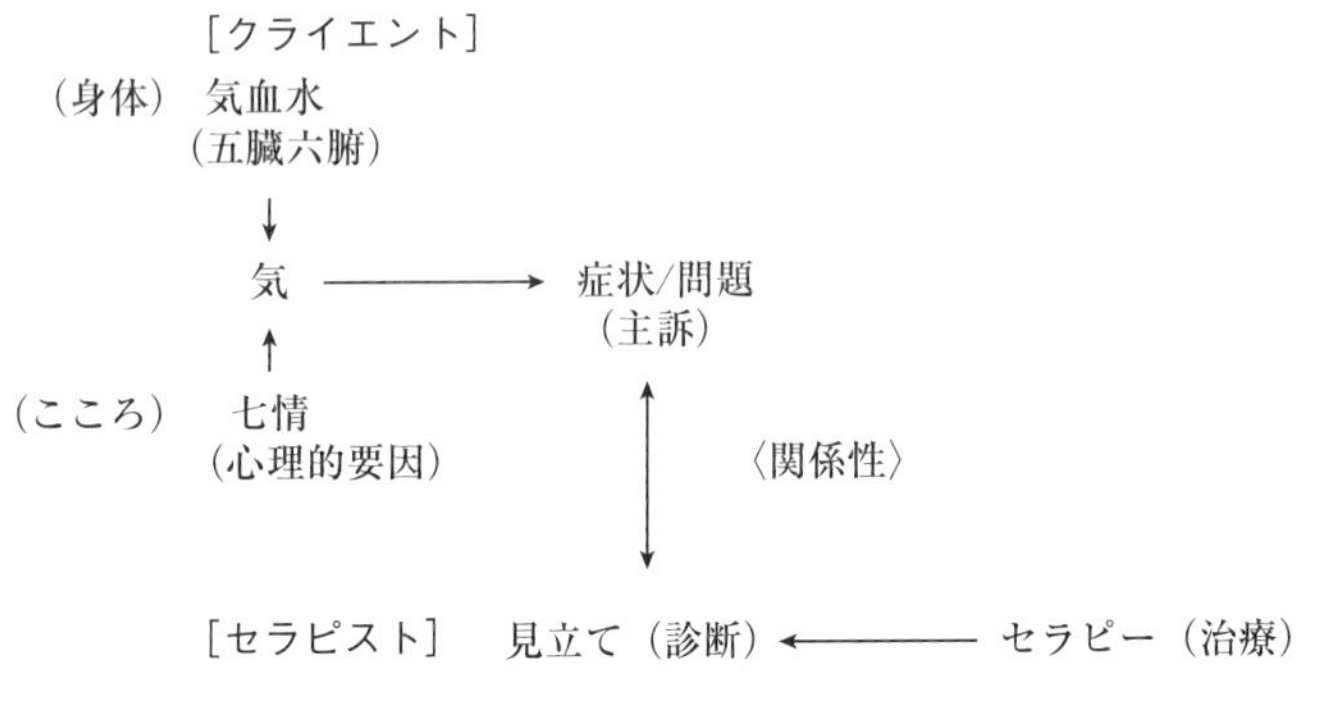

■図5-15　気の心理臨床のプロセス

に援助を求めて来談する。自らの問題や症状に対して行き詰まった状態や状況があり、混乱し先が見えない不安な状態になっている場合が多い。クライエントが電話あるいはメールで予約をすると、筆者は心理問診レポートと身体問診レポートを郵送し、初回面接日にレポートを持参してもらうことにしている。

(2)　心理問診レポート

心理問診レポート（二一一—二一二ページ資料1）には、①あなたが相談したい内容は誰のことか、②現在悩まされている主訴（問題や症状）、③それらの問題や症状が顕著に現れた時期、直前に起こった出来事、過去に同じような問題や症状の有無、通院歴など、④家族構成、年齢、職業、生育歴、⑤心理問診レポートを記入した感想、などを記入してもらう。それゆえ、心理問診レポートから読みとれることは多い。字体、筆圧、文体、内容など文面にかかれた内容から、クライエントの過去と現在の生活の物語が読みとれる。簡単に記載する人、細かい字で紙面裏表に書き込む人、項目のある部分が全く書けない人など、様々である。また⑤の「心理問診レポートを書き、気づいたこと、感じたこと、考えたことはありませんか」という質問では、そのクライエントが書き終えた後の気持ちが書かれている場合が多く、インテーク面接では役立つことが多い。それを大きく分類すれば、三つのパターンのクライエントに分類することができる。

第一のパターンは、様々なことに気づくクライエントたちである。

① 母親との葛藤を抱えた三十代前半の女性は、「これまでのこと、母が生まれて今までのことを考えるとやりきれない。幸せにしてあげたい。しかし思い出すと許せなくてムカムカする。自分が嫌になる」と母親との葛藤を記入していた。

② 両親との葛藤を抱えた二十代の女性は、「自分が気づかないところで、親が自分に影響を及ぼしていることがあるかもしれないと思いました。親のことばかりを書いている自分がしつこいように感じました」と、普段、気持ちの上で整理されない感情と自分のこだわりに気づいている。

③ 対人緊張の症状をもつ三十代の女性は、「几帳面な姉と比較されたと思う。幼少の頃病弱だったため、母は私にかかりきりで、父は姉、という感じとなり、父と話をすることが少なかった。こちら（カウンセリング）に来ることが決まって、ずいぶん気持ちが楽になりました」と、両親の子どもの関わりが意識化され、カウンセリングに関する安心感を述べている。

④ 十年間引きこもりの青年の親は、「男の子を育てる最後の詰めを間違ったかなと感じ、今後どのようなサポートをしてやればよいのか本当に迷っています」と過去の育て方の反省と今後

の方向付けをすることを望んでいる。

⑤　中年の危機に陥った四十代の男性は、「カウンセリングを受けるということに、何かショックと気持ちの揺れを感じています。不安と病んでしまったという思いがします」と現在の混乱した自分を言語化している。

第二のパターンは、書きづらい、あるいは抵抗感を感じるクライエントたちである。

①　うつ病の五十代の女性は、「問いに対する答えがわからなくて書きづらかった。今は書けないことがたくさんあります」と、うつ状態での現在の表現の難しさを述べている。

②　職場での自分の生き方について悩んだ四十代の男性は、「ポイントが絞れない」と一言、自分では整理することができない様子を述べている。

③　自分をもっと知りたいという三十代の女性は、「私は自分がこころの問題について話すのに抵抗をもたないほうだと思っていましたが、実際書いてみると問題の整理がしやすいという反面、非常に強い憤りがありました。心理レポートにはプライバシーに関わる繊細な部分の記入が必要で、まだお会いしていない方に開示するのは負担です」と、記入することで整理しやすい反面、自分の問題が明らかになるがゆえ、自分とこれから出会うカウンセラーに対しての不安と否定感情が表出されている。これらの感情の奥に潜む攻撃性がテーマとなるだろう。

第三のパターンは、この項目に書かない、あるいは書けないクライエントたちである。面倒くさい、時間がない、直接話せばいい、何も感じないなど、空白の部分からそのクライエントを見立てることになる。

(3) 身体問診レポート

身体問診レポート（二一三―二一五ページ 資料2参照）では、東洋医学の弁証を用いて、心身両面の情報を得ている（二一六ページ 資料3参照）。この身体問診レポートは心理臨床における心理テスト（質問紙法）に相当する。項目は寒、熱、燥、湿、気虚、気滞、血虚、瘀血《おけつ》、肝、心、脾、肺、腎である。「はい、いいえ」で答えられる質問が五項目ずつあり、それに答えていく。「はい」の項目の合計を行い、五項目に「はい」と〇がつけば問題が多いと考える。これらの項目は、八綱弁証《はっこうべんしょう》、気血水弁証《きけつすいべんしょう》、病因弁証《びょういんべんしょう》、臓腑弁証《ぞうふべんしょう》の組み合わせで作られている（五八―六〇ページ参照）。

八綱弁証《はっこうべんしょう》とは、病人の病型、病位、病性、病勢を分類して把握するものである。病型はまず「陰陽」によって大きく分類される。病気の位置がどこにあるのかを病位といい「表裏」で、病気の性質はどのようなものかは病性として「寒熱」で、病気の勢いは病勢として「虚実」で分類する。陰陽、表裏、寒熱、虚実の組み合わせが八つあるので八綱ということはすでに述べた（五九―六〇ページ）。

　この組み合わせから、気血水弁証を読み解く。気が虚なら気虚になり、気が実なら気滞となる。血が虚なら血虚であり、実なら瘀血になる。また水が虚なら燥になり、実なら水滞であり湿になる。また病因弁証《びょういんべんしょう》からも診ており、外因としての六気（風、暑、燥、火、寒）が六淫になり、問診レポートでは湿燥・寒熱をチェックしている。また臓腑弁証から肝、心、脾、肺、腎をチェックしているのである。

　次に各項目の説明を述べる。

○寒《かん》──極端に寒がりで四肢の冷えを人以上に感じやすい症候のこと。寒症は全身あるいは体の一部であったり人によって異なる。末梢の循環が悪いがゆえに皮膚は冷たいことが多く、寒は湿と結びつきやすい。この体質の人は、頻尿、下痢、風邪、アレルギー性鼻炎にかかりやすい。また寒いと関節が痛んだり、膀胱炎になったりする。冷房に弱い傾向も強い。

○熱《ねつ》──暑がり、のぼせ感、喉の渇きなどが強い性質のこと。冷たい飲食物や冷房を好む。体表部の熱症は汗かきで赤ら顔で目が充血しやすい。体内に熱がある場合は湿疹が出やすい。本来、熱症でなくても、環境の暑さや病気のために熱の症状を現すことがあり、このような体質の人は高熱を出しやすく、風邪をひくと喉の症状を現しやすい。

○燥《そう》—空気の乾き・高熱・暑さによる脱水、老化による体液の減少などによって、体内の水分が減少することで起こる症状。口渇、皮膚のかさつき、かゆみ、喉のイガイガ感、から咳、鼻や目の乾き、鼻血など、体液の減少の度合いに応じて多彩な症状が起こる。体の乾燥状態はアレルギーを起こしやすく、喘息などを誘発する因子ともなる。更年期以後の女性に皮膚がかゆくなる燥の症状がよくみられる。エアコンやパソコンの普及などの環境要因と関係している。

○湿《しつ》—身体の水成分が過剰になると、重だるさ、むくみ、関節の腫れ、下痢といった症状が起こる。胃腸や腎機能に問題がある、冷えや肥満で水の代謝が悪い、湿度が高い職場での労働、梅雨の季節、冷たい飲食物の過剰摂取によって湿の症状は生じやすい。湿が多いと体の重だるい痛みが下半身に起こりやすく、天気が悪いと調子が悪い。胃腸が敏感で、車に酔いやすく、吐き気を伴うめまいが起こる。また、体が腫れぼったく、尿量が少なく、膀胱炎になりやすく、下痢を起こしやすい。

○気虚《ききょ》—疲労や過労、虚弱体質や老化などによって起こる、根本的な身体を巡る気の量が不足した状態であり、働きが低下することで生じることをいう。特徴としては、疲れやすい、元気や気力が出ない、胃腸機能が低下、冷え症、めまい、気持ちの不安定さなどがある。自律神経の調節がうまくいかず、低血圧、体温調節の不備などの不定愁訴が起こりやすいことが特徴である。
○気滞《きたい》―気は血を先導し、臓腑との関係や経絡と関わり、全身を巡っている。外因による気候の変化や、内因によるストレスなどによって、気の流通に滞りが生じることで、痛み、だるさ、重苦しさ、張りなどの「気滞」と呼ばれる症状が現れる。特にお腹の張りなどでゲップやガスも多くなる。胸苦しさや胸焼けなどの症状もよくみられる。精神的ないらつきや怒りなどの感情が起こりやすく、睡眠障害が起こりやすい。
○血虚《けっきょ》―体内中の血液には様々な栄養を与える働きがある。血が不足すると、顔面蒼白、ふらつき、四肢のしびれなどの症状が起こる。血虚の原因としては、気の巡りの悪さ、血がつくれない、血の量の不足、心の機能の問題などが考えられる。血虚が起こると、肝に送血できず、末梢の循環の悪化や冷えやしもやけも起こしやすい。女性の場合は生理不順が起こりやすくなる。また筋肉の痙攣、髪の抜け毛、目の疲れなども起こる。
○瘀血《おけつ》―血液循環障害のことを瘀血という。身体の一部に血がうっ滞することで、肩こり、腰痛、のぼせ、血管の怒張、皮膚の黒ずみ、老化による動脈硬化などの症状が起こる。特に更年期の女性には、のぼせ、だるさなどの症状が起こりやすい。また、瘀血は腫瘤をつくるといわれ、良性・悪性の腫瘍の原因になると考えられてる。

○肝—血を貯蔵し、全身に分布する働きがあり、異常が現れると全身の血液を循環する活動ができなくなる。それゆえ、出血、めまい、女性の月経異常などが起こりやすい。また肝は筋肉やその運動に関係しており、肝による障害から筋肉痙攣、関節痛、充血、割れ爪などが起こりやすい。肝は感情を調節する働きがあり、安定していると気持ちよく伸びやかになる。機能低下を起こすと無気力、落ち込み、ボンヤリし、機能が亢進すると興奮し怒りっぽくなる。七情では「怒」に関係している。

○心—脈管内を血液が循行し、全身に血が行きわたる作用を制御している。機能が低下すると、顔色不良、四肢の冷え、脈の不整が現れる。心の異常は舌診に現れやすく、言葉のもつれも起こる。心は高次の精神活動と関係しているがゆえに、異常が起こると不安や恐怖が強くなり、不眠や多夢の状態になりやすい。不安が高まると喜ぶことが少なくなるがゆえに、七情における「喜」に影響を与える。

○脾—消化吸収や栄養物を全身に送ると同時に、消化管内の水分代謝を調節する働きがある。脾に異常が生じると、消化吸収障害、浮腫や痰の原因、四肢の機能低下が起こり、口唇に異常が出やすく、気力が衰える。気力の衰えは、七情の「思」となって現れる。

○肺—清気を吸収して濁気を排泄するという大切な働きがあり、肺の機能が低下すると呼吸困難や喘鳴など、呼吸に関する症状が生じる。また肺の水分調節や皮膚の保護なども行っている。異常が生じると、温度調節がしにくくなり、風邪を引きやすくなる。七情では「悲」として現れる。

○腎—生命活動の基本となる精気を貯蔵・供給する働きがある。機能の低下が起こると、根気や粘り強さが失せ、疲れやすくなる。腎は下半身と関係が深く、腰痛、足の弱り、頻尿、性機能の異常も起こりやすい。膀胱を通じて水分の代謝をしており、むくみ、尿の異常が起こりやすい。また、骨との関係での骨粗鬆症や耳鳴りなどがみられる。七情では「恐（驚）」に関係している。

すでに述べたように、東洋医学では、精神情緒活動の乱れが病の原因となることを内因という。この内因は心理臨床でいう感情の働きのことで、喜、怒、憂、思、悲、恐、驚があり、それを「七情」といい、長期に及ぶと病の原因となるという。この内因によって、気が虚《きょ》し、滞ったりすることで、身体の病的症状と思考や感情の偏りが現れるのである。

(4) インテーク面接

インテーク面接では、まず心理問診レポート（二一一—二一二ページ資料1参照）と身体問診レポート（二一三—二一五ページ資料2参照）を読み、クライエントの主訴を中心に筆者の経験によって蓄積された臨床地図にあてはめる作業を行う。その後に、面接を始めるのである。「二つのレポートに書かれていることは理解しました。今日は初回面接で、あなたの問題について聴くことが中心になります。話せる範囲で話してください。話したくないことは語らないようにしてください。面接の終わりには、話された内容のまとめをして、今後どのようにすればよいのかの方向づけをいたします。また、持参されたレポート二通、私がまとめたメモ書き一通をコピーしてお渡しします。始めてもよいでしょうか」と、初回面接の目的を伝える。メモ書きをする用紙は「初回面接のまとめ」（二一七―二一八ページ資料4）に記入していく。

インテーク面接での見立てのポイントとして、①心身問診レポートと問診《もんしん》からみる心身の状態、②家族にまつわる成員、力動・病理・世代伝播など、③成長プロセス、発達段階における問題点（〇〜三歳、三〜十歳、十〜十八歳の軸に分け問題点を聴き、七情とのつながりをみる）、④まとめと方向づけ、の四つの点に重心を置いている。もちろん発達障害と精神障害の軸は押さえる。前述したが、筆者はクライエントの言葉、動作、身体感覚、イメージはすべて気の働きであると考えている。そのためには、表5-2に示した表層意識、中層意識、深層意識からの表現を統合した観察を行う。三層意識と心身を分けて示しているが、実際の臨床の場では分けて見ているわけではなく、全体としてのクライエントを観察している。

第一の表層意識とは、セラピストから診《み》るクライエントの表面に現れている客観的な事柄、事実、事象の領域のことである。クライエントの観察や面接の過程で得ることができる情報（氏名、性別、年齢から始まり、家族構成、職業、生育歴、既往歴、表情、姿勢、態度など）のことである。

第二の中層意識とは、クライエント自身の主観的な事象、自覚症状の領域のことである。例えば、こころの領域では、やる気が起こらない、イライラしている、楽しくないなどの喜怒哀楽（七情）、感情的事柄や考え方や価値観などが含まれる。身体の領域では、だるい、頭痛、腹痛、肩こりなどの主観的な自覚症状がある。このレベルでは表出されれば表層意識領域になるが、抑圧しておくと、このレベルに留まることになる。ここで重要なことは、一般的に理解できる事柄とクライエントの独自性である。独自性において、特に不可解な部分に注目する必要がある。不可解さの内容は「希な点」と「奇妙な点」の二点である。その不可解さがクライエントの気の滞りの物語（オリジナルストーリー）である。例えば、リストカットをする女性がいるとしよう。リストカットの傷跡を見せられて、簾的な傷跡は臨床家なら誰もが目にすることだろう。し

■表5-2　三層意識の表現

	こころ	身体
表層意識	言葉を用いた表現	表現・動作などの表現
中層意識	感情に関する主観的表現	身体に関する主観的表現
深層意識	イメージ表現	身体感覚表現

かし「カチナシ《価値なし》」「アホ」「シネ《死ね》」というような文字を自分の腕に切り刻むならば、そのクライエントの独自性である。そのような領域に注目するのである。

第三の深層意識とは、身体感覚とイメージ領域のことをいう。イメージ領域の中には夢も含まれる。それらの言葉を超えた象徴化した働きを含めて、統合的に見立てが行われていく。

これら表層意識・中層意識・深層意識は気の働きとしての情報であり、最終的には、この気の働きがよりなめらかに動き、調和できることを目指すのである。

次に実際の事例を通して、気のインテーク面接を説明する。

(5) 事例から診《み》るインテーク

二十代後半のA子さんは、「人を意識しすぎて、人とうまく付き合えない」ということでセラピーを受けに来た。彼女は両親と姉の四人家族で育った。父親は仕事中心の大企業のサラリーマンで自分勝手な生き方をしていた。母親は専業主婦で気性が激しく、よく夫婦喧嘩をしていたという。姉は何でもこなす活発な人で父親に可愛いがられていたという。A子さんは家庭の中での存在は薄く、両親のストレスは彼女に向かい、何でもできる姉とよく比較され、母親から「何故、このようなことができないの」とたびたび怒られたという。幼い頃から喘息があり病院通いをしていた。小学校では目立たない子であったが、中学ではテニスクラブに入り能力を発揮し楽しかった。高校では友達となじめず、いじめられて人間不信に陥った。そのことが尾を引き、大学では友達とは表面的な付き合いで終わった。大学を卒業後、数年してから結婚した。夫はまじめでおとなしい性格。同居している姑が支配的な人で、何かにつけて夫婦の間に入ってきた。姑のことで夫は「がまんしてくれ」というだけで、一切口をはさまず、彼女だけがストレスをためていた。人との付き合いが辛くなり、うつ的になった。

身体問診レポート（二一三—二一五ページ 資料2）から、「はい」と答えた数を合計すると、寒—4、熱—0、気虚—2、血虚—1、気滞—4、瘀血《おけつ》—0、湿—0、燥—2、肝—3、心—2、脾—0、肺—3、腎—2という結果を得ることができた。この結果を分析すると、次のようなことがうかがえる。

冷えの状態は表裏に強く出ており、熱の症状がほとんどみられないので冷え性といえる。そのうえ痩せているので、多少の気虚の症状が出てはいるものの体質的には弱い部分は少なく、気滞の症状が非常に強いことがうかがわれた。その意味ではねばりがある人といえる。また肝の項目にチェックが多く「肝鬱気滞」と判断した。冷えと気虚の症状は風邪を引きやすく、鼻炎傾向があることから肺気虚として現れており、このことは幼少時の喘息とも関連していると思われた。また不眠や不安が高く落ち込みやすいので、心気虚もみられた。

七情の視点から彼女の感情（気）の傷つきをチェックしてみると、前思春期までは、喘息からくる不安と否定的な母親との関係が問題になる。母親からのネガティブメッセージが多く、嫌われたくないという思いが自分の感情を押さえることになり、ほめられないがゆえに自己評価も低くなったと思われた。また、この世代の父親の特徴として家事や子育てには参加せず、姉をかわいがり、第二子の誕生時男子を求めた。このような家庭環境の中で、喜び（心）は少なく、怒り（肝）は押さえられ、一人で思い（腎）悩み、憂い（肺）が起こっていたのだろう。また、母親に対しては恐れがあったことが容易に想像できた。思春期に入り、中学ではテニスで身体を動かすことで閉じこめた感情を発散し、人に評価されることで気の流れはよくなった。しかし高校では環境が変わり、いじめられることで再び以前の気の流れ（パターン）に戻ってしまった。このような気の流れを持ち越し結婚した。相手は、「自分を押し込める」という彼女に似た相手を選んだのである。

面接を通して、「何か強固なもの」を感じ、これが和らぐことがセラピーの中心になると筆者は思った。彼女の今生のいくつかのテーマとして、今回のセラピーでは自己受容であった。受け入れてもらえない感覚は、自分を守るため、構える堅さ（身体）や固まった思考パターン（こころ）になったと思われる。しかし、構えるばかりで、自己表現ができないがゆえに、他者からの温かい気のアプローチも入りにくく、鎧の内側の自己の気は虚《きょ》して、かえって邪気が入りやすい状態となっていた。この二点を頭に置き、気の流れが変わればと思った。今後現れてくるテーマとしては、自分の性格に似た夫と、母親に似た夫の母親との問題も浮上してくることは否めない。

四　心理臨床におけるスピリチュアリティ（霊性）

1　スピリチュアル（霊的）の意味

十九世紀の科学に影響を受けている心理学は、宗教の領域や神秘主義を極力排除してきた。しかし、近代が終焉するプロセスで、宗教と科学は相反するものではなく、同一の地平をアプローチしているという見方がある。それは宇宙の根元や生命の起源、あるいは存在の神秘を解き明かす試みのように思えるし、科学の知識と宗教の知恵を合わせたコスモロジーといえる。

一九九八年のＷＨＯ執行理事会において、ＷＨＯ憲章の見直しが行われ、一部の勢力は健康に関する新たな提案を行っている。その内容は、「健康とは身体的・精神的・社会的・霊的に満足すべき力動的な状態をいい、たんに病気や障害のないことではない(17)」という健康観である。この提案は健康に関する世界基準が大きく変化する可能性が出てきたことを意味する。それは健康観にスピリチュアル（霊的）という概念が導入されている点である。

現在まで多くの心理学が、人間に内在する霊性の領域を無視してきたのは事実である。新生児から成人に至る発達のプロセスを通して、社会に適応した人格形成に目を向けてきた。そこでは「目覚めた人格」という文脈が加味されていない。現代社会では、適応と競争という価値が重要なものとされている。例えば社会では、役職が上位なほど、世俗的な目からみれば「立派な人」という評価がされる。また競争で他者を蹴り落として進むことで、社会で「認められる人」となっているのも事実だ。

しかし、二十一世紀は、魂の領域であるスピリチュアリティ（spirituality、霊性）を加味することで、視点が変わり、心理学の領域も変化せざるを得ない。アメリカ精神医学会が出版しているDSM-Ⅳ（Diagnostic and Statistical Manual of Mental Disorders Fourth Edition、『精神障害の診断と統計マニュアルⅣ版』）の中に、ささやかではあるが初めて「宗教または神の問題」という項目が付け加えられたことは、スピリチュアリティに関して無視できなくなったことを意味している。これもトランスパーソナル研究者と臨床家たちの功績である。霊性を捉えるとき、宗教と宗教性を分けて考える必要がある。笠原[18]によると、宗教とは教義、儀礼、組織の三つの要素が必要であり、その中で人間を超えたものとの関係が体系化されたことをいう。また宗教性とは宗教が成立する以前の状態で、人間を超えたものと人間との関係を肯定し、体系を否定することと説明している。この考え方に従うと、特定の宗教に入信していなくても、誰の中にも自分を超えた何かに祈ったり、手を合わせたり、触れようとする瞬時がある。このように自分を超えたものに自分を託す思いが宗教性といえる。そこで、自分の中にインプットされた宗教的状態に触れ、体験することで目覚め、内なる知恵が開かれていくときに、霊性の意味がみえてくる。霊性とは「個を超えた大いなる力によって生かされている実感とつながりである」と筆者は考えている。大いなる力は神、仏、自然、宇宙、真理、永遠なるものと言い換えられるのではないだろうか。

2　魂の心理臨床

筆者は開業心理臨床の場でかなりの数のセラピーをこなしてきた。そのプロセスで、こころという現象の奥に潜む魂の領域を無視することはできず、それを問題にするようになった。クライエントは何らかの理由で自分の「いのち」が生き生きしなくなり、心身の症状を訴える。クライエントの訴え、症状の現れ方、自我のバランスを見ながら、「この人は何故、このような苦しみを与えられたのだろうか」ということに注目して、筆者は話を聴いている。個々がもつ問題や症状はあくまでも深層からのメッセージが表層に現れたものである。そのメカニズムを比喩的に説明すれば、こころの奥に魂と呼ばれる「いのちの川」があるとする。その川が何かの理由で滞り、水が濁ると精神的な症状になり、水が川から氾濫すると身体的な症状として現れる。このいのちの川が生き生きと流れるためには、表層に現れた症状にだけ焦点を合わせるのではなく、深層につながっている「意味」を見つけなくてはならない。その滞った流れが、何によっていつからどのようにプログラミングされ、いのち全体のバランスが崩れたのかを見つけ、関わっていくことが心理療法だと考えている。

そこでのポイントは、この世に生まれてきた意味と乗り越えなくてはならない各自のテーマとは何かを見つけることである。それは、その人なりの苦しみを通して自分を問われているからである。その意味では、苦しみは気づきのチャンスを与えてくれるサインといえる。与えられた苦しみはその人の「人生のテーマ」でもあり「魂のテーマ」とつながっているからだ。この世という「魂の試練の場」に生まれてきた意味は、今生のテーマをクリアすることで、霊性を高めていくと思われる。霊性への鍛錬は、自分と自分、自分と他者、自分と社会、自分と自然との間で行われる。筆者が影響を受けたクリスタルは、「私たちの人生は、互いが学びあうために他者の人生と絡みあっている。他者に惹かれるというのは、それは何であれ他者を通じて学ぶ必要がある」(19)という。

クライエントがよく発する言葉に、「何故、私だけが」「あのときあのことがなければ」「あいつのせい」などがある。このような言葉の背景には、状況、出来事、他者によって自分の人生が変えられたという思いがあり、そのことから逃れられず自由になれない。生まれてから現在まで、親を含めて出会う人や様々な出来事は学ぶための現象であり、選び選ばされているのであろう。日々の心理臨床から学んだことは、自らの苦しみの奥にある魂のテーマに向かい合い、取り組むならば、死にたくなるほどの苦しみであっても、乗り越えられない苦しみは与えられないということであった。魂のテーマに取り組み始めると、苦しみの迷宮から〈慈悲〉と呼ばれる通路が向こうから開かれてくるのは事実だ。そのような体験を通して、苦しみと慈悲は回転扉の表裏のようなものであるというリアリティが自覚されてくる。

心理療法をしていると、誰もがいくつかのテーマをもって今生に生まれてくることに気づかされる。それらのテーマは、各自が抱えた問題、症状、状況などの現象として表層に現れる。その現象を通して、深層に潜む自らのテーマに気づくことで、人格の成長と霊性の進化が行われる。多くの人は、現状がいくら苦しくても、慣れ親しんだ状況、人間関係、経済的安定、考え方、価値観に執着し、それらを手放してまで自由になることを拒み、苦という世界をさまよい続ける。そして、その限界、言い換えれば自我がつくり出す幻影に気づいたときに、高次な意識性へと引き上げられる体験をするのである。

3 内なる「もう一人のわたし」

高次な意識性に近づくためには、内なるもう一人の「わたし」に気づく必要がある。私たちが「私」と表現するとき、この「私」とは意識されている自分であり、外界と内界で起こることをキャッチし、判断し、行動し、自分が自分であるとアイデンティファイしている自分のことである。もう一人の「わたし」とは、意識の奥に存在しており、自分が何者で、どこから来て、どこに行こうとしているのかを知っている本来的な自分のことを意味している。私たちはこのもう一人の「わたし」に時折触れている。それは「何かおかしい」「何か気が進まない」「何かにハッと気づく」ような感覚である。そのようなときには、頭で考える「私」から肚《はら》で感じる「わたし」が出現している。このもう一人の「わたし」を、ユングは自己（セルフ）と呼んだ。彼はこころの構造を意識と無意識（個人的と集合的）に分け、意識をつかさどる領域を「自我」、意識と無意識の全体をつかさどる領域を「自己」として捉えている。この自己の働きは、個人に内在する潜在性や可能性のチャンネルであり、自我をも超えてより高次の意識性に向かって動いており、個性化の過程へと進んでいく。これを自己実現という。その過程は危険を伴うがゆえに、自我の強さが要求されてくる。

ユングは初期の頃、自己を神と同様な存在であると考えていたが、次第に神と自己とは別に存在し、自己が投影されたときのイメージと神の姿は同様であって、人間の意識としては区別することができないという考え方に変わっていく。そして、最終的には、神は存在しており、自己と神は決して同じではなく、自己はおそらく神の恵みを運ぶ器（チャンネル）であろうと考えた。この自己を知るためには、夢やイメージなどの象徴的な表現（老賢者、女神、子どもなど）を通してのみ、その働きを意識化できる。また、アサジョーリ[20]は心の構造を、下位の無意識、中位の無意識、上位の無意識（超意識）の三つに分け、その周囲に集合的無意識があるとして、中位の無意識の領域に意識の場があり、その中心に意識的な自己（ユングのいう自我）があると考えている。そして、意識的な自己を超えたところに、日常のリアリティでは触れることができない普遍的な真の自己（True Self）としての高次の自己があると説明している。彼はこの意識的な自己と高次な自己が結びつくことで、精神内部の統合が行われるという。そして、高次な自己に出会う方法として、イメージを使った技法を用いている。ユングとアサジョーリは、「私（自我）」を超えたもう一人の「わたし（自己、高次な自己）」とつながることで、人格が統合されるプロセスを問題にしたのである。ユングがいう「自己」やアサジョーリの「高次な自己」の概念は、ユング派分析家の目幸黙僊にいわせれば「仏性」にあたる。目幸[21]は「十牛図における自己実現」という論文の中で、十枚の図の中に出てくる、自我に象徴された牛使いと自己に象徴された牡牛との関係性を、ユングの個性化の過程に対比させて説明している。そして、真の自己としての牡牛が禅におけるこころの概念を示すものとし、「こころ」「本質」「仏性」はすべて同じ一つのリアリティであり、悟りの異なった側面であると考え、自己を実現する内的な衝動を仏性の働きとして捉えている。さらに、仏性の働きについて三つの側面から説明している。

① 仏性そのもの―暗い無知の状態や煩悩の中に隠されて汚れているが、すべての存在の中に普遍的にかつ常に存在している真正の本質。

② われわれを動かす力としての知恵―瞑想などの行によって自分自身を実現しようとする基本的な衝動としての仏性。

③ 実現された仏性―行の実践によって完全に実現されたものとしての仏性。

この考えに従うならば、私たちの無意識の奥には（高次な）自己＝仏性が存在し、それは絶えず自分自身になろうと働きかけており、それに気づき、そのプロセスを歩むことで、悟りの道（ブッダの道＝自己の道）が開かれることになる。このように仏性としての自己や高次な自己の働きに気づき、現実感として受け止められる意識性を「高次な意識」と呼ぶ。

4　こころの多元性

高次な意識性をチベット密教の概念で説明しよう。チベット仏教のゾクチェン（rDsogs-chen、「大いなる完成」という意味）の教えがある。この教えは身体的思考でないと理解できないといわれている。二〇〇〇年に東京の仏教伝道協会で、チベット文化研究所が中沢新一を招いて開いた講座「ゾクチェン入門」に参加した。「ゾクチェン・ニンティク」という密教体系は、あらゆる仏教体系の中でも最も奥深い教えといわれている。「ゾクチェンの密教体系は、八世紀に北インド出身のグル・リンポチェやヴィマラミトラなどによってチベットにもたらされ、その後十四世紀にチベットの偉大な思想家にして行者、ロンチェンパによる飛躍的な展開と組織化がなされた。今日ではチベット仏教の中のニンマ派だけがこれを伝承している」(22)という。

リクパ（rig-pa）とは誰にでも内在するゆがみのないこころ、あるがまま、存在、空、無、一の世界、菩提心、仏性などと言い表せる絶対的なリアリティである。それに対して、マリクパ（ma rig-pa）とはリクパの一の世界から二元が現れる動力、欲求、区別、差別、欲望、煩悩が起こる相対的リアリティのことである。また社会化される中で善悪、美醜、持つ持たないといった二元的リアリティが現実のすべてとして感じるようになる。私たちは本来、原初のリアリティであるリクパから出発しているが、肉体的存在としてマリクパの世界に生まれ死んでいく。そこでは、顕教がいう四苦八苦が存在し逃れられないのである。中沢は、私たちの意識は「綺麗に磨いた鏡（リクパ）に塵がかかり曇り、埃で像がゆがむマリクパのリアリティである」[23]という。曇った鏡で世界を映しとっているので、リクパそのものの存在に気づかない。私たちは本来自らあるがままでリクパ。その写しだされた鏡に映る像（リアリティ）を確かなものだと錯覚することで煩悩から逃れられない。それゆえ、光輝く鏡から映された像を見れば、そこにはリクパ・マリクパを超えた存在のみがある。リクパは空。静止した中に動きすらない空。ゾクチェンはその空や無の中にピチピチとした、いつでも存在しているようなこころの本性に宿っているというのである。中国的な概念で考えれば、リクパは道（タオ）の働き、マリクパは気の働きということになる。これを日常生活の中で実践することがゾクチェンの教えでの修行である。

筆者は開業心理臨床の場で多くのクライエントの苦悩に触れてきた。行き着いたところは、多くの心理学には究極的な意味での「救いがない」ように思われる。誤解をされたくないが、心理療法が有効でないといっているわけではない。こころという現象を眺めていると、移ろいやすく、私たちにとっては肉体（五感）を通した物質世界がリアリティをもっている。もし、この物質世界が「水に映る月のようなもの」と感じられるようなリアリティをもつならば、何かが変わるのであろう。それは、こころを超えた奥に潜む魂の領域に触れなければ、救いがないからである。確かに、現存する心理学の理論と技法は有効であり、役立っていることは明白な事実だ。もちろんそれらを用いて筆者も心理療法をしている。筆者がトランスパーソナル心理学と東洋の気に魅せられたのは、こころ・身体・魂を含めた全体からのアプローチをしている点であった。その視点から、心理臨床の中でクライエント自らが「己を救う」自己成長としての方法論を見いだしたいと考えているからである。ウォルシュとヴォーン(24)は、心理療法のモデルには、病理を回復させる「伝統的なセラピー」、存在にまつわる問いに応える「実存セラピー」、悟りや解脱など、実存レベルで直面した問題の超越を捉える「救済的なセラピー」の三つがあると整理した。筆者が問題にしたいのは、「救済的なセラピー」なのである。それは、心理職人として、臨床という場から捉えたこころの世界を再構築することだと考えている。また、筆者は自文化の根底にある東洋の思想・医学・宗教・修行体系に入り込むことで、「気」という世界に触れることができると考えている。

私たちは日常の生活の中で、「あの人は仏さんのような人だ」とか「あの人は鬼のような人だ」と表現することがある。その人に仏のこころが現れているがゆえに仏さんのように見えるのである。また、自分に仏のこころが現れているとき、他者に対して優しくなれる。誰でもが状態や状況によって、仏のリアリティと鬼のリアリティといった多元的な現実感を行き来している。茨城県人間関係研究所の大須賀発蔵は日本人間性心理学会のワークショップで、「私たちは日々輪廻している」

といっていた。彼がいうように、こころの世界を理解するには、仏教における「十界」という概念をイメージしていくと理解しやすい。「十界」には、地獄・我鬼・畜生・阿修羅・人間・天上の六界と、解脱していくときの声聞・縁覚・菩薩・仏の四界がある。そして、この六界から解脱することで、ブッダの道を歩むことになるのである。この輪廻転生の思想を、日常での「こころの輪廻」と置き換えてみると、私たちは日々輪廻し生まれ変わっているように思われる。日常の中で置かれた状況とその人の心的状態によって、地獄が現れたり、仏が現れたりすると考えるならば、私たちの中に存在する十界のイメージは理解しやすい。

図5-16は、十界の世界をこころの現れとして描いたものである。図では、十界の世界が一つのこころとして形成され、人間界と天上界を中心に闇世界（地獄）と光世界（仏）を往復運動している。中心の円には通常人間意識が現れているが、苦に出会って、「針の筵に座らされて

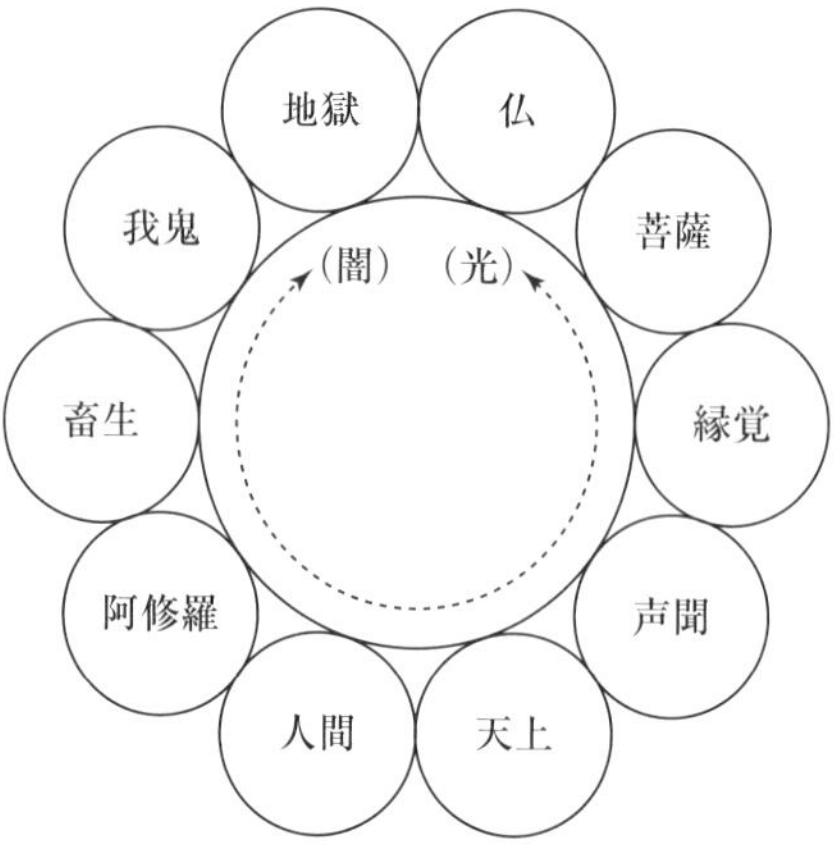

『癒しの森』(25)より

■図5-16　十界の意識

いるような地獄の毎日」という現実感に触れるときに、地獄世界が現れる。他者をねたみ、物を惜しんでむさぼり、際限なく求め、こころが乾ききっている我鬼意識、動物的な弱肉強食や他者の痛みや迷惑など感じられない畜生意識などが現れる。それに対して、人との縁で闇世界から救われるときに縁覚意識が現れたり、またつらいときに他者に優しくされ、ほっとした気持ちになると、仏意識が浮かび上がってくる。「地獄で仏」というが、一瞬相手が仏のように見えてくることで、まさしく闇の中で一筋の光が灯される。このように、こころの中に映し出されるリアリティが世界をつくっていくのである。このリアリティをよしとするならば、人間界に住むわれわれは、輪廻の輪から逃れられない。花山は、人間界の真実をよく眺め、何とかそこから離れたいという願いを起こさせる必要があり、そのために説かれている三つの教えがあるという[26]。それは、

1　人間世界が不浄であり、

2　四苦八苦と呼ばれる苦しみに満ち、

3　無常である。

多くの場合、これらに気づくのは、苦しみに出会ったときからである。そして、自らの存在意味を問いかけることで、三つの教えが現実味を帯び始める。その意味では、苦しみというピンチは慈悲の扉を開けるチャンスに変わる。「何も悪いことをしていないのに、何故このような目にあうの

か」と。この「何故」が、その人に与えられた人生の課題を解決するための問いかけである。この人生のテーマ、「与えられた苦しみ」が今世での魂のテーマであり、それを乗り越えることで霊性が高められるのである。霊性が高められることは、言い換えれば、気の浄化であり、東洋医学でいう「神《しん》」の体現化と考えればよい。

5　高次な意識に接近する方法

高次の意識に触れる方法として、東洋の瞑想法と西洋心理学のイメージ法があるが、この二者においてはアプローチの方法が異なる。西洋心理学でのイメージの使い方は無意識の領域から出てきた素材を自我が受け止め、取り入れ、拡充していく方法を用い、東洋の瞑想法は、自我を清澄することで無意識に近づく方法であり、意識を太極につながる無意識にゆだねていく。前者は無意識から意識の方向へ出ていき、後者は心身を用いて意識から無意識の方向へと入っていくという、ベクトルの方向性が正反対になっている。まさに西洋と東洋の文化による自我の有りようの違いがそこにある。

(1)　瞑想法によるアプローチ

瞑想には、古今東西、その目的により様々なアプローチの方法がある。ここでは、真言密教の阿字観瞑想の基礎となる「月輪観」を取り上げる。山崎[27]によれば、「阿字観とは梵字の𑖀（ア・阿）の一字に自心を徹見し、自己の本源たる根本大生命を己が心として創造的に生き抜く道である」と説明している。また多くの密教行法の中で、この瞑想法は「自心の本源に直参するところの最も簡略にして、しかも奥義に達することができる」[27]と述べている。阿字観は月輪の中に蓮華と梵字の阿字が書かれた掛け軸を対象にして瞑想を行うのであり、世界と自分は一つであるという意識性を実感することを目的としている。阿字観瞑想は、密教修行の入口であり、修行者は誰もがマスターせねばならないといわれている。

阿字観瞑想の順序は、阿字本尊に三礼しその前に着座する。座り方は、半跏坐、正座、あるいは結跏趺坐をする。合掌して瞑想が支障なく行われることを祈る。合掌しながら五大願を唱える。印を結び胎蔵界大日如来の真言を7回唱える。月輪観・阿字観の順番で観法に入る。観法が終われば、出定し両掌で頭から足へなでおろす。三力加持を唱え、生かされていることを祈念し、被甲護身の印を結んで終わるのである。このように阿字観瞑想は厳密な順序があり行われている。

阿字観瞑想の基礎となる「月輪観」の実践法を紹介しよう。

1　「月輪」を本尊とした掛け軸の前に座る。
2　呼吸を整える（呼吸は口を閉じ「鼻吸鼻吐」。吸うときは宇宙に満ちたエネルギーを吸い、吐くときは体内の汚れを吐き出すつもりで行う）。
3　「月輪」を眺め、意識を集中して月輪の模様をこころに留める。
4　半眼あるいは目を閉じていても、「月輪」が見えるかのごとくになるまで意識を集中させる。
5　「月輪」を自分の心の中に、イメージを用いて引き寄せる。
6　こころの中に引き寄せた「月輪」を白い淡い光を放つ球体にイメージで変化させる。
7　球体に変化した「月輪」を自分の身体の大きさ、部屋、家、地域、日本、地球、宇宙へとイメージで拡大していく（この作業を広観という）。
8　宇宙大にまで拡大できれば、暫くの間拡大した「月輪」を維持して安定させる。拡大した「月輪」を徐々に小さくして最初の大きさに戻す（この作業を斂観という）．
9　目を閉じているなら目を開けて、「月輪観」を終わらせる。

この「月輪観」の方法は拡大法といって、円と共に拡大する身体感覚と意識性を問題にしている。自らが月輪になり徐々に拡大し、無限に広がる宇宙の空間にまで広げ、自らが大宇宙と一体化するのである。このプロセスで「宇宙の中の私、私の中の宇宙」を感じ、宇宙と私が一つであることを実感する。そして、宇宙大に広がった「月輪」を次第に縮めていき自分の身体に収めるのである。

このように瞑想を通して心身の浄化を行うことが、仏意識を喚起するのである。瞑想には呼吸法は欠かせない。「いのちの営み」としての呼吸は、自分と自分、自分と他者、自分と自然、自分と宇宙をつなぐキーワードである。私たちは自然呼吸以外に、いらいらしたときの「ため息」や疲れたときの「あくび」を無意識に行い、一時的に心身の調節をしている。また、呼吸を意識的に鍛練することで、自律神経系が調節され、内臓機能の乱れが整えられるといわれている。

東洋では「瞑想」という身体技法を用いて高次な意識性（空、無、悟り、解脱、一なる世界）に到達することを試みる。これは道教における内丹も同様である。内丹については詳しく述べている（二〇九～二一〇ページ）ので参照してほしい。内丹の瞑想の技法は、呼吸と意念（イメージ）を用いて任脈と督脈に精と気を働かし「神」の領域まで高め、一切が虚空であるという「虚寂無為」の意識状態に入ることが目的である。真言密教の「月輪観」も道教の「内丹」も主客の二元論を超えた、気一元の世界に触れることで、高次な意識が体現されることを目的としている。この領域をスピリチュアル（霊的）な意識性と言い換えることができる。

(2) イメージ法によるアプローチ

筆者はイメージ療法を導入する際に、クライエントに呼吸法を用いたリラクセーションを行う。イメージ療法を通常意識状態で行うのと変性意識状態で行うのとでは、出てくるイメージの内容と文脈が異なるからである。そして、イメージを誘導したり、自然に浮かび上がってくるイメージを組み合わせて、セラピーを進めていく。

高次な意識性にアプローチするイメージ法としては、ロスマン(28)の「内的助言者」、クリスタル(19)の「ハイC」などがある。これらの技法のプロセスをまとめてみると、

1 リラックスした状態をつくる。

2 高次な自己を視覚化する。

3 視覚化した対象をチェックする。

4 その対象と対話する。

まず、リラクセーションで心身を緩めると、意識は次第に変性していき、日常の意識性から間を置くことができ、身体はより本来の自然な状態になっていく。その状態で自己のイメージを視覚化していく。視覚化の方法としては、まぶたの裏をジーッと眺め、自然に浮かび上がってくるイメージを取り上げていく。人によっては、イメージとして人格化した老賢者、老賢婦、キリスト、仏陀、

自然の太陽、月、光、木、草花、動物、宗教的なシンボルとしての十字架、聖書、蓮の花などが現れる。そこで重要なことは、これらが、その人にとって「いかに神《かみ》のイメージとつながっているかである」とクリスタルはいう。ロスマンは、そのシンボルや像に対して、よく観察をし、その対象に名前を尋ねたり、賢く、優しく、信頼がおける存在か否かを見極めたり、援助してもらえるかを問いかけたりして、その存在に対して親和性を感じるまで十分時間をかけるという。筆者は、高次な自己イメージがいくつか出てくる場合、そのイメージを絵で描いてもらい、それを検討する場合がある。そしてその対象が、その人にとっての神のイメージにぴったりする対象であるならば、自分の問題をそれに問いかけ、「内なる対話」をしてもらうのである。そのとき、人によって様々な伝達方法で対話が行われる。具体的な会話になったり、感じやイメージで伝わってきたり、その人の状態や内的プロセスによっても異なる。メッセージの真意を見分けるポイントは、その答えが心身で納得できるか否かである。なかには、そのメッセージを聞いても、自我レベルで抵抗する場合もある。また、日常意識で考えた答えとは異なることもあるが、何か「腑におちる」体験といってよい。クリスタルのイメージ療法では、大切な局面では必ず高次な意識（ハイC）に触れながら進めるのである。

次にクリスタルの技法を説明して、事例を通して、高次な意識に触れながら行うセラピーの一場面を説明しよう。

向かい合うAとBが二人を結ぶ光のラインを視覚する。お互いが光のラインを背中から頭上を突き抜け、二等辺三角形の頂点（C地点）で出会うよううする。このC地点は、二人の高次な自己が出会うところであり、両者が一つに結ばれる場所である（図5-17）。この地点を「ハイC（high consciousness＝高次な意識）」と呼んでいる。このハイCに必要なことは何でも尋ね、進むべき方向を指示してもらうようにする。クリスタルは、このトライアングルの底辺、つまり日常レベルでカウンセリングは行われており、ハイCによる、一なる存在、全人的合一へと至る探求への助けとなるような、隠された答えや具体的な方法を学ぶ必要があるという。そして、誰もが日常意識の限界を超える力があり、その力に助けを求めることは、私たちが日常意識や知識だけですべての問題を解決できないことに気づいていており、自分の内なる知恵とつながる方法がわかればよい。また、クライエントとセラピストがハイCを信頼し、問題を解決するためのワークをしていると、投影や転移は減ってくるという。

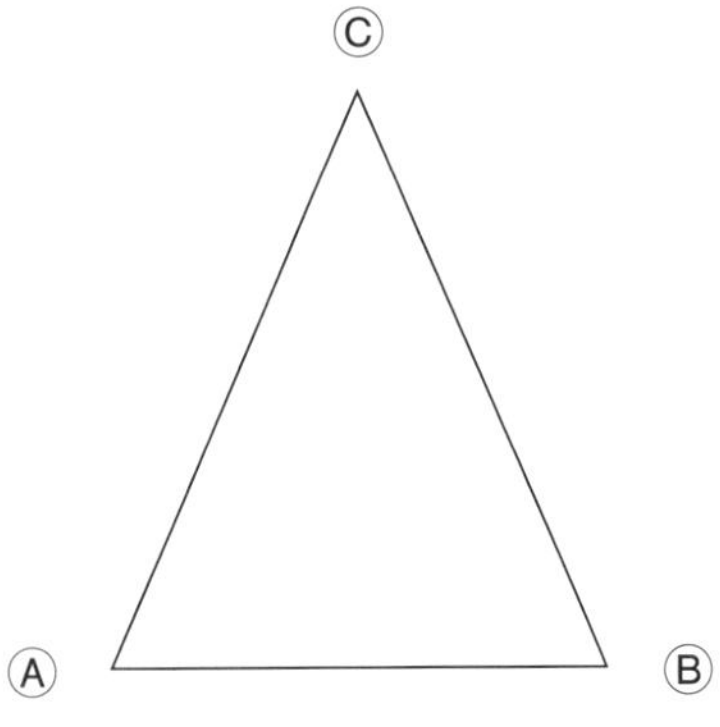

■図5-17　トライアングル

●事例

純子（仮名）さんは「人間関係がうまくいかず無力感にさいなまれる」とセラピーを受けにきた。話を聴いていると、彼女の「内なる子ども」は成長するプロセスでずいぶん傷ついていることが明らかになった。父母の関係は悪く、絶えずビクビクしながら成長していた。彼女が中学のときに母親は家を出て、その後離婚に至った。しかし、彼女は、祖母には大切にされたという。大学を卒業し就職をするが、人間関係がうまくいかず、何度か職場を変えた。その後、結婚し子どもが生まれたが、夫の女性関係のトラブルにより、こころが通わない表面的な結婚生活に不安と絶望感を抱いていた。カウンセリングが進むにつれて、あるセッションで、小学校低学年のころに身近な者から受けた辛い体験が話題に上ってきた。その幼児体験が夫との問題につながっていることに彼女は気づいていた。セラピーの流れの中で、いつものように自らのハイCに「今・ここで、幼児体験の問題を取り上げるか否かを聞いてごらん」と彼女にアドバイスを行った。同時に、私は彼女の学童期に起こった心的外傷体験を取り上げることについては、気が進まなかったので、そのことを筆者自身のハイCに「どうだろうか」と問いかけた。すると、「自分の気持ちを大切にするように」という答えが出た。彼女は自らのハイCに問いかけ、「質問に対する答えは返ってこなかったが、夫のイメージが出てきた」と答えた。まさしく、それがハイCからの答えであり、今は夫との問題を取り上げることが重要であることを示していた。その後のセッションで夫との問題にテーマが移り、彼女は洞察を始めたのである。セラピーでのお互いのハイCのメッセージは、彼女の幼児体験をテーマにするには、時が満ちていなかったことを示していたと思われる。

ハイCを用いるカウンセリングでは特に、二人の信頼関係が重要であり、この信頼がハイCと結びつく三角形の基礎をつくっている。事例では、セラピストである筆者はクライエントの幼児体験を取り上げることは気が進まず、ハイCの答えは「気持ちを大切に」という意味では取り上げないほうがよいということであり、またクライエントは取り上げることの答えが返ってこず、夫のイメージが浮び上がってきた。お互い違うイメージや印象をもつのは当然のことであるが、それは表現の仕方が違うだけで、両者が個別に得たメッセージ（情報）の断片をつなぎ合わせてみると、その意味が理解されてくる。

このようなセッションにおいて、クリスタルは次の二つの点を指摘している。一つは、ワークしている人は完全に目覚めており、トランス（忘我）状態に入ることはなく、体験しているすべてのことを理解しており、詳しく覚えている。二つは、このワークを行うのに千里眼、透視力、降霊術といった特殊な才能を必要としない。必要なことは、真実を探し求めようとする熱意と誠実さ、ひたむきな姿勢、内なる導きに耳を傾ける素直さである。そうすることで、ハイCからのメッセージはスムーズに流れてくるようになるという。

このクリスタルの方法に類似した、高塚の三角形に関わるヒーリング（外気功）方法を紹介しよう。

> ヒーリング中のわたしと受ける人の間に、白いモヤモヤした三角形が出現した。別に煙草のけむりのようなものではなく、あくまでイメージなのだが、それをわたしは見えると感じることができる。三角形は二等辺三角形に近い形だ。底辺がちょうど私の身体の横幅程度の。しかし、物体としての枠のようなものでもなく、その三角形のイメージは無限に拡大している。それをしばらく感じていると、三角形の中央あたりから何かがポンと抜け出て、どこかへ飛んでいく。そして果てしなく上昇し、またたく間にシュッと消えたと思うと、何秒か経ってわたしの体内にシュッと戻ってきた。その何かがわたしの体内から掌へ指へと移動し、相手の人の体内へポンと届く。その瞬間、わたしはこの人は治ったと感じた。[29]

高塚は、この方法論を見いだすまでにはいくつかのプロセスがあったという。初期の頃は、「病気そのもののイメージを脳裡に受けていたように思う。何か黒いモヤモヤしたものがイメージの中でうごめき、ヒーリング中にそれがポンと消滅すると病気が治っていた」という。次の段階では、「目を閉じると常に宇宙がイメージされるようになり、手をかざしながら相手の人と漂っているのを感じるようになった。漂いながらわたしの中の何かが相手の体内に入っていくのが見えた時、病気が治っていた」という。そして、突然やってきたのが、前述の三角形のバージョンであった。そして彼は自らが編み出した方法論について、「それにしても分からないのは、何がどこへ行き何故戻って来て病を治すのかということだ。その何かとはおそらく、本能的能力の想念であろう。その何かが、この世とは違う所に飛んで行き何かの信号を受け取って来るのではないか。その信号が相手に入る。わたしはこのように推理する。違う場所とは異次元である。いわゆる宇宙の特異点、三次元と四次元の狭間。そこへ今ヒーリング中のわたしと相手の人にとっての必要な情報を探しに行くのである。体内からスポンと抜ける何かに乗って。つまり、ヒーリング・パワーとは異次元の情報なのだ[29]」と述べている。

また、高塚が述べている「何かが相手の体内に入っていくのが見えた時、病気が治っていた」という体験は、筆者も似た体験をしている。十五年ほど前のセッションのことであるが、いつものようにクライエントの話を聴きながら、意識を緩めて、クリスタルの技法である高次な意識にアクセスしていた。その瞬間、筆者の身体から自分の分身が出ていき、弧を描きながら一瞬のうちにクライエントの身体の中に入り込んだのである。その分身は「指輪物語」に出てくる小柄なホビット族のサイズであった。一瞬自分に何が起こったのだろうかと動揺した。精神病理的にいえば幻覚を見たのである。このような現象をどのように捉えればよいのか考え込んでしまった。その後、このセッションを境にこのケースのセラピーは進展して終了した。あの現象は一体何だったのかと、未解決のまま長い時間が過ぎていった。今から思えば、クライエントに伝えた「気の表現」の身体化だったと考えている。

クリスタルの方法論は、二者間に二等辺三角形を視覚化し、その頂点にハイC（高次な意識＝象徴化された神イメージ）を位置させ、そのハイCに尋ね、そこからメッセージを受け取る。高塚の方法論は、無限大に広がる二等辺三角形の真ん中から、想念（イメージ）が抜け出て、宇宙の特異点に出向き、本人と相手にとって必要な情報を得て体内に戻ってくる。クリスタルの「高次な意識」と高塚の「宇宙の特異点」は、表現の違いこそあれ、類似した「一なる次元」のことをいっているように思われる。この一なる次元を、ユングの「自己」、アサジョーリの「高次な自己」、ロスマンの「内的助言者」、ベーダーンタ哲学の「アートマン（真我）」、老荘思想の「道」、仏教の「仏性」、チベット密教の「リクパ」、東洋医学の「神」の領域と言い換えられるのではないだろうか。このような一なる次元に触れるには、第四章の三つの次元の身体とこころ（一〇二ページ）で述べた「神のからだ」（超個的身体と超個的意識状態）が必要になる。また、両者の方法はイメージを用いている。イメージは情報であり、形をなした気の働きである。その気の働きが身体を離れて、必要な情報を得てくるのである。湯浅(5)は、「気の作用は個体の外部までその作用が及ぶ」といったことは、この両者の方法論からうかがえる。高次な意識の領域に近づくには、個を超えて内在する「知恵の光」にアクセスし、それに触れることで、一なる次元への道筋ができ、各自に与えられたテーマの答えを与えてくれる。その知恵の光を見続け、近づこうとする働きがスピリチュアル（霊的）に至る道といえる。

資料1

心理問診レポート

氏名　　　　　　　　　　　　　男・女　生年月日　　　　　　　　（　　歳）

住所　　〒　　-

TEL　（　　　）　　－　　　　　　FAX　（　　　）　　－

紹介者

上記の住所・TEL等へ連絡してもいいですか？　　　　はい　　　いいえ

------------------------------ 質問事項 ------------------------------

○をつけ質問にお答え下さい。書ききれない場合は、裏に番号をつけてお書き下さい。

1）あなたが質問したい内容は、1　自分　2　夫婦　3　子ども　4　その他のことです。

2）あなたが今、一番悩まされていること（問題や症状）はなんですか。
　－具体的にお書き下さい。－

3-1）（誰　　　）の問題や症状が顕著に現れてきたのはいつからですか。
　線の上に矢印を書き年齢を書いて下さい。

0歳　　　　　　　　　　　　　　　　　　　　　現在の年齢
　　　　　　　　　　　　　　　　　　　　　　（　　歳）

3-2）その問題や症状がでる直前に起こった出来事があれば書いて下さい。

（次ページへ）

3-3）以前に今の問題や症状に関連することはありませんでしたか。

3-4）以前に病院での治療やカウンセリングを受けたことがありますか。
あれば、1 いつ頃　2 どこで　3 どのくらいの期間

4-1）あなたの現在の家族構成は
例　♂-男　　♀-女（年齢と職業・学年）

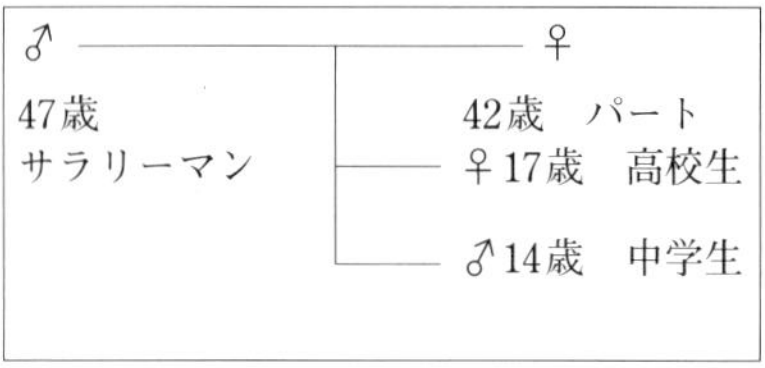

4-2）（自分の相談者への質問）あなたはどのように育てられてきましたか。
（他者の相談者への質問）あなたは（誰を　　）どのように育てましたか。
印象に残っていることを書いて下さい。

0歳　　　　　　　　　　　　　　　　　　　　　　　　　現在

5）心理問診レポートを書き、気づいたこと、感じたこと、考えたことは何でもお書き下さい。

資料2

身体問診レポート

氏名　　　　　　　　　　　　　　年齢　　　男・女　　　年　　月　　日

次の質問を読んで、「はい」または「いいえ」に○をつけて下さい。
(時々起こる場合は、「はい」に○をつけて下さい。)

(1) 寒
① すぐに寒気がしやすい。　(はい・いいえ)
② 冷房が嫌いである。　(はい・いいえ)
③ 寒がりで、足が冷える。　(はい・いいえ)
④ 温かい飲食物が好きである。　(はい・いいえ)
⑤ 冷えるとお腹が痛んだり、下痢をする。　(はい・いいえ)

(2) 熱
① のぼせやすい。　(はい・いいえ)
② よく口が乾く。　(はい・いいえ)
③ 湿疹や吹き出物ができやすい。　(はい・いいえ)
④ 冷たい飲食物が好きである。　(はい・いいえ)
⑤ よく喉が痛くなる。　(はい・いいえ)

(3) 気虚（ききょ）
① 体がだるくなったり、疲れやすい。　(はい・いいえ)
② 声が小さく元気がない。　(はい・いいえ)
③ 少し動くと息が切れる。　(はい・いいえ)
④ 少食ですぐお腹が一杯になる。　(はい・いいえ)
⑤ 不安になりやすい。　(はい・いいえ)

(4) 血虚（けっきょ）
① よく目がかすんだり、眼精疲労が強い。　(はい・いいえ)
② 脱毛が多くて髪の毛が荒れやすい。　(はい・いいえ)
③ 手足にしびれがある。　(はい・いいえ)
④ 皮膚につやがない。　(はい・いいえ)
⑤ 生理の量が少なかったり、不順である。　(はい・いいえ)

(次ページへ)

(5) 気滞（きたい）

① イライラしやすい。 (はい・いいえ)

② 気を使うと体調が狂いやすい。 (はい・いいえ)

③ お腹が張ってガスが出やすい。 (はい・いいえ)

④ 喉に何かがつかえる気がする。 (はい・いいえ)

⑤ 寝つきにくくよく夢をみる。 (はい・いいえ)

(6) 瘀血（おけつ）

① 赤ら顔である。 (はい・いいえ)

② 左の下腹部に痛みがある。 (はい・いいえ)

③ 肩が凝りやすい。 (はい・いいえ)

④ 静脈の浮き出しが多い。 (はい・いいえ)

⑤ 皮膚が赤黒い。 (はい・いいえ)

(7) 湿（しつ）

① 体が重くだるい。 (はい・いいえ)

② 手足がむくみやすい。 (はい・いいえ)

③ くもりや雨の日には調子が悪い。 (はい・いいえ)

④ 軟便や下痢が多い。 (はい・いいえ)

⑤ むかつきを伴うめまいがある。 (はい・いいえ)

(8) 燥（そう）

① 便が硬くて出にくい。 (はい・いいえ)

② 口が乾いて水分がよく欲しくなる。 (はい・いいえ)

③ 皮膚がカサカサしている。 (はい・いいえ)

④ 痩せ型で色黒である。 (はい・いいえ)

⑤ 冬になると喉のイガイガ感が多い。 (はい・いいえ)

(9) 肝

① イライラして怒りっぽい。 (はい・いいえ)

② 左右の脇腹がつかえて痛い。 (はい・いいえ)

③ 目のかすみや眼精疲労がある。 (はい・いいえ)

④ こむらがえりが多い。 (はい・いいえ)

⑤ 月経に伴い、不快感がある。 (はい・いいえ)

（10）心

① 不安になりやすい。　（はい・いいえ）
② 寝付きが悪かったり、よく夢を見る。　（はい・いいえ）
③ 胸苦しいことがある。　（はい・いいえ）
④ 動悸を感じることがある。　（はい・いいえ）
⑤ かっとしてのぼせやすい。　（はい・いいえ）

（11）脾

① 食が細く、痩せている。　（はい・いいえ）
② 便通異常が多い。　（はい・いいえ）
③ 胃がもたれやすく、胸焼けもある。　（はい・いいえ）
④ お腹が張ったり、腹痛がある。　（はい・いいえ）
⑤ 血便や不正出血がある。　（はい・いいえ）

（12）肺

① すぐ風邪をひいてしまう。　（はい・いいえ）
② 鼻づまりや鼻水が多い。　（はい・いいえ）
③ 動くと呼吸があらくなる。　（はい・いいえ）
④ 咳や痰が多い。　（はい・いいえ）
⑤ 声にハリがなく、かすれやすい。　（はい・いいえ）

（13）腎

① 足腰がだるい。　（はい・いいえ）
② めまいや耳鳴りがある。　（はい・いいえ）
③ 脱毛や歯のぐらつきがある。　（はい・いいえ）
④ 尿の回数が多くて、冷え性である。　（はい・いいえ）
⑤ 精力減退を感じる。　（はい・いいえ）

資料3

五臓・八網弁証

氏名＿＿＿＿＿＿＿＿年齢＿＿＿男・女

［1］チェック項目

1	2	3	4	5	6	7	8
寒	熱	燥	湿	気虚	血虚	気滞	瘀血

9	10	11	12	13
心	肺	脾・胃	肝	腎・膀胱

［2］証（見立て）

［3］養生法（どうすればいいのか）

［4］七情との関係

怒（肝）・喜（心）・思（脾）・憂・悲（肺）・恐（腎）・驚

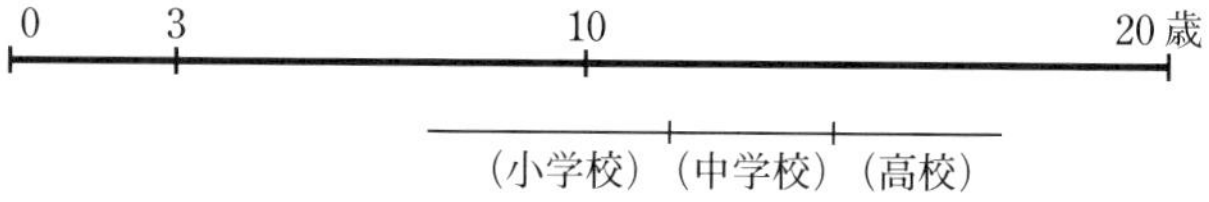

資料4

初回面接まとめ

様

1)　現在の心身状態

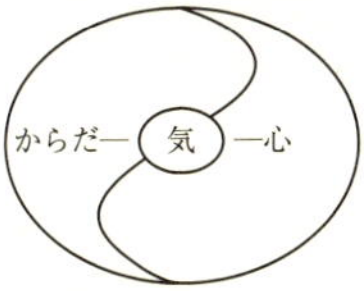

2）成長のプロセス（七情一怒・喜・思（憂）・悲・恐・驚）

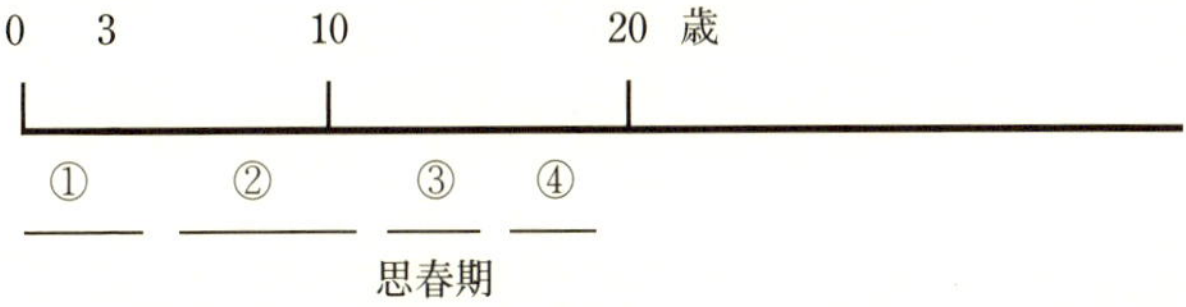

（次ページへ）

3）家族の力動

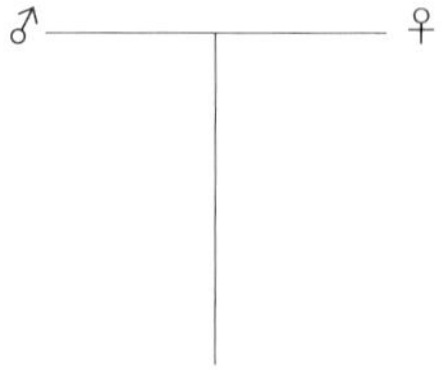

4）今後の方向づけ

医師とのネットワーク　　必要・保留（医師名　　　　　　　　　　）

・気づきノートをつけることで問題点を意識化しましょう。

・リラクセーションを習得することで心身の安定を保ちましょう。

年　　月　　日

文献

第一章

(1) 楊力（宮下功企画，伊藤美重子訳）『周易と中医学』医道の日本社、神奈川、六五、六七、一九九二
(2) 白川静『字統』平凡社、東京、一三八、一四〇、一九八四
(3) 山田慶兒『中国医学の思想的風土』潮出版社、東京、一二四―一二七、一九九五
(4) 三浦國雄『不老不死という欲望』人文書院、京都、一五二―一五四、二〇〇〇
(5) 三浦國雄「黄婆論」野口鐵郎（編集代表）三浦國雄・堀池信夫・大形徹（編集）『講座 道教 第三巻 道教の生命観と身体論』雄山閣出版、東京、一六一―一六四、二〇〇〇
(6) 仙頭正四郎『東洋医学―「人を診る」中国医学のしくみ―』新星出版社、東京、七三、七七、一九九三
(7) 石田秀実『中国医学思想史』東京大学出版会、東京、八一、一九九二
(8) 根本光人監修『陰陽五行説』薬業時報社、東京、一二四―一三〇、一九九一
(9) 神戸中医学研究会編『第二版 中医学入門』医歯薬出版、東京、六二―六四、一九九九
(10) 高田真治・後藤基巳訳『易経』（上・下）岩波書店、東京、一六、二七、二四三、一九六九
(11) 吉野裕子『易と日本の祭祀』人文書院、京都、二五、一九八四

(12) C・G・ユング（湯浅泰雄，黒木幹夫訳）『東洋的瞑想の心理学』創元社、大阪、二七二―二七三、二八八―二八九、三〇六―三〇七、一九八三
(13) 本田濟『易』朝日出版社、東京、一〇、八三―九〇、二一七―二三三、二二四―二三一、一九九七
(14) 伊藤未斎「易経の現代的解釈」未斎流易のレジュメから、一、一九九七
(15) 伊藤未斎『未斎流易』日本出版企画、神戸、三一五、一九九四
(16) 河合隼雄「心理療法における身体性」河合隼雄総編集『講座 心理療法』第四巻、岩波書店、東京、三、二〇〇〇

第二章

(1) 水島広子「漢方医学からみた心と身体の健康」『こころの臨床 à・la・carte』十二月号、三二一―三三三、一九九五
(2) 寺澤捷年「証（総論）」日本東洋医学会学術教育委員会編集『入門 漢方医学』南江堂、東京、三三一、二〇〇二
(3) 石田秀実『気流れる身体』平河出版社、東京、一〇―一二、三二―四六、一〇五―一一〇、一九八七
(4) 石田秀実『こころとからだ―中国古代における身体の思想―』中国書店、福岡、三五二、一九九五

(5)　上野圭一『ヒーリング・ボディ』海竜社、東京、九二、一九九四
(6)　山田光胤・代田文彦『図説 東洋医学』学習研究社、東京、二七、九八、一四九―一五一、一八二、一九七九
(7)　黒木賢一『「自分らしさ」を見つける心理学』PHP研究所、京都、一二七―一二八、一九九八
(8)　神戸中医学研究会編『第二版 中医学入門』医歯薬出版、東京、一〇―一三、一九九九
(9)　森和（監修）、王暁明・金原正幸・中澤寛元『経穴マップ』医歯薬出版、東京、九―一〇、二〇〇四
(10)　南京中医薬大学編、石田秀実・白杉悦雄監訳『現代語訳 黄帝内経霊枢』上巻、東洋学術出版社、千葉、二〇〇、一九九九
(11)　池上正治『「気」で観る人体』講談社、東京、二〇五、一九九二
(12)　南京中医学院編、石田秀実監訳『現代語訳黄帝内経素問』上巻、東洋学術出版社、千葉、四〇八、一九九一
(13)　小曽戸文夫・浜田善利『意訳 黄帝内經霊枢』筑地書館、東京、四六―四七、一三五、一九七二
(14)　日笠久美『漢方外来―漢方から診るからだと病気』プリメド社、大阪、四三―四四、八一―八五、二〇〇三

第三章

(1) 馬済人(浅川要監訳)『中国気功学』東洋学術出版社、千葉、一三、一六―一八、二三、三〇―三二、一七二―一七五、一九九〇
(2) 津村喬『気功宇宙』星雲社、東京、一九―二〇、四一、一九八九
(3) 劉貴珍(李敬烈訳)『気功療法実践』新泉社、東京、五、一四、一七―三一、一九九一
(4) 黒木賢一「呼吸リラクゼーション」菅野泰蔵編『こころの日曜日3』法研、東京、二四九―二五五、一九九五
(5) 張明亮(津村喬訳)『峨眉法済気功』張明亮文庫シリーズ1、気功文化研究所、滋賀、二一―二〇、二〇〇五
(6) 南京中医学院編(石田秀実監訳)『現代語訳 黄帝内経素問』上巻、東洋学術出版社、千葉、四一九、一九九一
(7) 濱野清志「心理臨床における気イメージ体験の活用」未発表論文、一六―一七
(8) 中国・国家体育総局健身気功管理センター編(橋逸郎訳)『健身気功・八段錦』ベースボール・マガジン社、東京、四五―八一、二〇〇四
(9) 黒木賢一『「自分らしさ」を見つける心理学』PHP研究所、東京、一三五―一三八、一九九八

(10) 黒木賢一「気功心理学事始め」大阪経大論集、第五六巻一号、四七―六三、二〇〇五
(11) 高塚光『ヒーリングセミナー』東急エージェンシー、東京、三五、一九九四
(12) 坂出祥伸『道教と養生思想』ぺりかん社、一一、東京、一九九二
(13) 鵜沼宏樹『医療気功』春秋社、東京、九九、二〇〇一
(14) 湯浅泰雄『「気」とは何か』日本放送出版協会、東京、一四〇、一九九一

第四章

(1) 石田秀実『気流れる身体』平河出版社、東京、五九、一九八七
(2) A・グレイ（館野正美監修）『聖なる鏡』河出書房新社、東京、三二―三五、一九九三
(3) 湯浅泰雄『「気」とは何か』日本放送出版協会、東京、一三八―一三九、一九九一
(4) 本山博『チャクラ・異次元への接点』宗教心理学研究所出版部、東京、六七、一九七八
(5) C・メイス（川瀬勝訳）『7つのチャクラ』サンマーク出版、東京、七七、一九九八
(6) 上野圭一『ヒーリング・ボディ』海竜社、東京、一〇三、一〇七、一〇九、一九九四
(7) 田嶌誠一「心理臨床における動作とイメージ」臨床心理学、第三巻一号、五七―六四、二〇〇三
(8) W・ジェイムズ（桝田啓三郎訳）『宗教的経験の諸相』下、岩波書店、東京、一九四―一九五、一九七〇

(9) 鎌田東二『宗教と霊性』角川書店、東京、二〇二―二〇三、一九九五
(10) 石田秀実「目に見えない力を図像に見る」『鍼灸OSAKA東洋の身体知』第一巻一号、一二一、二〇〇四
(11) 坂出祥伸責任編集『「道教」の大事典』新人物往来社、東京、二三〇―二三六、一九九四
(12) 坂出祥伸『「気」と養生』人文書院、京都、二二一―二六、一九九三
(13) 馬済人（浅川要監訳）『中国気功学』東洋学術出版社、千葉、二二一、三二一、一七二―一七六、三九七―四六四、一九九〇
(14) 藤岡喜愛「意念とイメージの実体化への覚え書き」人間性心理学研究、第六号、四―一四、一九八八
(15) 濱野清志「心理臨床における気イメージ体験の活用」未発表論文
(16) 増田秀光編『道教の本』学習研究社、東京、一一四、一九九二
(17) 盧玉起・鄭洪新編（堀池信夫・管本大二・井川義次共訳）『中国医学の気』谷口書店、東京、二六―二九、一九九三
(18) 田嶌誠一『イメージ体験の心理学』講談社、東京、一八三、一九九二
(19) 石田秀実『からだの中のタオ　道教の身体技法』平河出版社、東京、一六―五二、一九九七

第五章

(1) 高良聖『雰囲気としての心理面接』日本評論社、東京、一一三、一五五―一五六、二〇〇五
(2) 渡邊欣雄『風水思想と東アジア』人文書院、京都、一八四、一九九〇
(3) 黒木賢一「心理臨床における〈気〉の見立て」大阪経大論集、第五六巻二号、一四一―一六一、二〇〇五
(4) H・ディークマン（野村美紀子訳）『魂の言葉としての夢』紀伊國屋書店、東京、二三七、一九八八
(5) 湯浅泰雄『「気」とは何か』日本放送出版協会、東京、五一―五九、一三六―一三七、一四〇、一九九一
(6) 石田秀実『気流れる身体』平河出版社、東京、一一〇、一九八七
(7) 石田秀実『こころとからだ―中国古代における身体の思想―』中国書店、福岡、三五二、一九九五
(8) 黒木賢一「心理臨床における心身一如の視座」心理臨床学研究、第二二巻四号、三七〇―三七九、二〇〇四
(9) 田嶌誠一「心理臨床における動作とイメージ」臨床心理学、第三巻一号、五七―六四、二〇〇三
(10) 藤岡喜愛「意念とイメージの実体化への覚え書き」人間性心理学研究、第六号、四―一四、一九八八
(11) 田嶌誠一『イメージ体験の心理学』講談社、東京、一九九二
(12) 袰岩秀章「面接の初期過程における技法」平木典子・袰岩秀章編著『カウンセリングの技法』北樹出

版、東京、三〇、二〇〇一
(13) 下山晴彦編『よくわかる臨床心理学』ミネルヴァ書房、京都、三四、二〇〇三
(14) 米倉五郎「心理アセスメントとは」野島一彦編『臨床心理学への招待』ミネルヴァ書房、京都、五九、一九九五
(15) 日笠久美『漢方外来―漢方から診るからだと病気』プリメド社、大阪、四二―四五、二〇〇三
(16) 張　瓏英『臨床中医学概論』緑書房、東京、一一三、一九八八
(17) 上野圭一「〈spirituality〉ということばをめぐって」CAMUNetニュースレター、vol. 1、二〇〇〇
(18) 笠原芳光『宗教の現在』人文書院、京都、二〇二―二〇四、一九八二
(19) P・クリスタル（黒木賢一訳）『心の執着を超えて』創元社、大阪、一三―一四、一七―一八、二六、一九九三
(20) R・アサジョーリ（国谷誠朗・平松園枝訳）『意志のはたらき』誠信書房、東京、一六、一九八九
(21) J・M・スピーゲルマン・目幸黙僊（目幸黙僊監訳）『仏教とユング心理学』春秋社、東京、六二、一九九〇
(22) ラマ・ケツン・サンポ、中沢新一『虹の階梯』平河出版社、東京、一五、一九八一
(23) 中沢新一「ゾクチェン入門」の講義から（二〇〇〇年、仏教伝道教会主催）

(24) R・N・ウォルシュ、F・ヴォーン（吉福伸逸訳・編）『トランスパーソナル宣言』春秋社、東京、五三、一九八六
(25) 加藤清監修『癒しの森』創元社、大阪、一六四、一九九六
(26) 花山勝友『輪廻と解脱』講談社、東京、六三、一九八九
(27) 山崎泰廣『密教瞑想法』永田文昌堂、京都、一五六、一六八—一七八、二二一—二二二、一九七四
(28) M・L・ロスマン（田中万里子・西澤哲訳）『イメージの治癒力』日本教文社、東京、一〇五、一二二—一二三、一九九一
(29) 高塚光『ヒーリングセミナー』東急エージェンシー出版部、東京、三五、四一—四三、一九九四

索引

【さ】

あとがき

　筆者は、二十年近く開業心理臨床の場で、かなりの数のクライエントに出会ってきた。現在は大学という教育の場に身をおいて四年が過ぎたが、自分のアイデンティティは「心理職人」である。このことは自分でも誇りにしている。アメリカで心理臨床の教育を受けた筆者が、東洋的な「気の心理臨床」に行き着いたことを、読者は不思議に思うかもしれない。しかし、西洋で教育を受けたがゆえに、日本において「自文化」の心理療法を意識するようになったのである。

　一九八四年に日本に帰国したとき、トランスパーソナル心理学を語るにはあまりにも時期尚早であった。当時、翻訳家の吉福伸逸氏が「C&F」という組織を主宰し、ケン・ウィルバーの翻訳を中心にワークショップを精力的に行っていた。心理臨床の領域では、JBI日本バランシング協会を主宰している小原仁氏のみがこの新しい心理学に関わっていた。そのような状況の中で、一九八六年、ユング派の河合隼雄先生を中心に、第九回国際トランスパーソナル学会が京都で開催された。この学会を契機に、日本においてトランスパーソナル心理学が次第に広がり始めたことは喜ばしいことであった。その後、米国のカリフォルニア州ビックサーで行われた米国トランスパーソナル学会に参加した。そのときの学会の内容はすばらしかったが、参加している人たちがほとんど白人ばかりであったこと、ある分科会で東洋の「瞑想」を白人が指導していたことに、何か違和感を感じた。それ以来、マイノリティ意識が強い筆者は「トランスパーソナル」という言葉を日本で使う必要があるのか、東洋思想そのものがトランスパーソナルではないかと考えるようになった。そして、日本でのトランスパーソナル運動から距離をもつようになったのである。

当時、開業での心理臨床では「境界例」のケースが多く、若さに任せて、かなりの数の境界例のクライエントのセラピーを行っていた。もちろん筆者が身体を壊すのは当然のことであり、「心理学では救いがないと」感じていた。そこで、出会ったのが「気の世界」であった。日本にも「気」というトランスパーソナル領域があるのではないか、と。それ以来三年間ほど、心理学の学会に参加せず、心理学の本を手にしないで、気の世界に没頭した。その期間に見えてきたのが、東洋的な「身体技法」をいかに心理臨床に導入するかであった。

当時主宰していた「癒しの心理学研究会」で、気功の身体技法と東洋医学の考え方を専門家たちに伝える作業を行った。また、大阪の朝日カルチャーセンターでの講座「トランスパーナル心理学」を「気とイメージの心理学」に変更して、東洋的な視点から、気功、マンダラ描画法、易経、夢分析の四つのテーマで行った。テーマは異なるが、「個を超えた意識性」を身につける体験的なワークは変わらなかった。この講座は十年続いた。このような筆者の方向性の中から生まれてきたのが本書の『気の心理臨床入門』である。

日本で心理臨床に関わるときに、「気」の問題を避けては通れない。私たちは一日のうちに「気」という言葉をかなり用いて生活をしている。人に会えば「天気がいいですね」とか「元気ですか」と声をかけ、調子が悪くなれば「気分が悪い」とか「病気になった」と言い、他者に対して「気が合う」とか「気にくわない」と、気という言葉を口にする。気には身体感覚、心理的力動、人間関係の機微、自然との関わりが含まれている。日常の中で私たちが用いる「気」という言葉は、ある対象に意識を向け、何かを感じたときの状態を表しているといえる。これらの言葉の奥に流れる「なんとなく」感じる実体を本書は問題にしたのである。この実体を東洋医学では「生命エネルギー」といい、心理臨床学では「情報」として捉え、宗教の領域では「スピリチュアリティ」に相通じる概念であり、その絶えず流動する気を「いのちの働き」として筆者は捉えている。

心理臨床の実際において、クライエントや場に流れる（雰囲）気は、相手を理解する上で重要な要素になる。気の領域は、心理アセスメントにおける非言語的コミュニケーションにあたる。非言語コミュニケーションでは、クライエントの表情、動作、声の大小、服装など、セラピストのクライエントに対する印象、好嫌の感情、連想、身体感覚などを問題にする。これらの非言語の奥に潜んでいるのが「気」の領域だと考えればよい。この捉えがたい気の領域を、東洋思想、東洋医学、気功学、東洋の身体論から読み解き、心理臨床の実際にいかに取り入れるのかという冒険を本書で行った。

この冒険の始まりの一端は、長年の開業における臨床経験（特に境界例のクライエント）からであり、心身二元論を超え、「身体知」をも含む心理臨床が必要であると痛切に考えるようになったからである。またクライエントの問題に対して、こころだけに還元するのではなく、身体という深層意識領域に光をあてることで、日々の心理臨床を進化（深化）させることができると確信している。そして、日本の心理臨床の領域に、「気」という概念を注入し、「心身一如」の視座からクライエントに接することができれば、より自文化に適した心理臨床が生まれると考えている。その意味では、本書をきっかけとして、特に若い世代の臨床家たちに、気の視座からの心理臨床の議論を深めていただき、心理臨床への工夫に少しでも役立たせてほしいと願っている。

本書が世に出るにあたって、次の方々から励ましとサポートをいただいた。関西大学名誉教授の坂出祥伸先生には、東洋思想の門外漢である筆者の原稿を読んでいただき再度にわたるご指導と貴重な文献をいただいた。河崎医院・淡路東洋医学研究所院長の日笠久美先生には、東洋医学の問診レポートの作成からその指導、原稿のチエックまでお世話になった。気功文化研究所所長の津村喬先生からは、気功に関するアドバイスをいただいた。星和書店代表取締役社長の石澤雄司氏は、出版を快く引き受けて下さった。星和書店編集部の近藤達哉氏には、遅々として進まない作業を温かく、かつ忍耐強く見守ってもらい、多くのアドバイスをいただいた。以上のみなさんのお力添えの上に、本書が出版の運びとなった。感謝の気持をこめて、こころから厚くお礼を申し上げたい。

平成十八年七月

筆　者

著者紹介●

黒木　賢一（くろき　けんいち）

1951年、兵庫県生まれ。

カルフォルニア州立大学（ヘイワード校）大学院、教育心理学研究科臨床カウンセリング専攻、修士課程修了。

芦屋心療オフィス所長を経て、現在、大阪経済大学人間科学部助教授。臨床心理士。(財) 関西カウンセリングセンター評議員。

著書：『自分発見ワークブック』(洋泉社、1996)、『「自分らしさ」を見つける心理学』(PHP研究所、1998)

共編著：『カウンセラーの仕事』(朱鷺書房、1995)、『日本の心理療法』(朱鷺書房、1998)、『心理臨床におけるからだ』(朱鷺書房、2006)

訳書：クリスタル『心の執着を超えて』(創元社、1993) など。

連絡先：659-0093兵庫県芦屋市船戸町2－1－809

E-mail：ken96ki@ybb.ne.jp

ホームページ：「気はこころ」http//kenkuroki.net/

◎

気の心理臨床研究会（平成18年10月から）

日時：毎月第四日曜日　午前10時30分～午後4時45分

会場：芦屋市民センター（〒659-0068芦屋市業平町8－24、☎0797-31-4005）

内容：午前の部は「心理臨床における身体技法」をテーマに、気を心理臨床の場でいかに役立たせるのか、理論から技法への実践、五感を開発する気のボディワークなど体験学習が中心。午後の部は事例検討が中心で、「事例検討1」では一般的な事例検討、「事例検討2」では神田橋條治先生の「指導者の要らない事例検討会の手順」に従った方法論での事例検討を行う。年4回は外部講師の講義。

対象：臨床心理士、認定カウンセラー、医療従事者、教育従事者、福祉従事者、臨床心理士を目指す大学院生など。

<気>の心理臨床入門

2006年9月15日　初版第1刷発行

著　者　黒 木 賢 一

発行者　石 澤 雄 司

発行所　株式会社 星 和 書 店

東京都杉並区上高井戸1－2－5　〒168-0074
電話　03(3329)0031（営業）／03(3329)0033（編集）
FAX　03(5374)7186
http://www.seiwa-pb.co.jp

　Printed in Japan　ISBN4-7911-0608-3